Sanidad del
CORAZÓN

CASA
CREACIÓN
A STRANG COMPANY

Sanidad del corazón
Serie sobre mujeres de Enfoque a la Familia®
Publicado por Casa Creación
Una compañía de Strang Communications
600 Rinehart Road
Lake Mary, Florida 32746
www.casacreacion.com

A menos que se indique lo contrario, todos los textos bíblicos
han sido tomados de la *Santa Biblia, Nueva Versión Internacional* (NVI),
© 1999 por la Sociedad Bíblica Internacional. Usado con permiso.

Otros textos bíblicos han sido tomados de la
versión Reina-Valera, de la *Santa Biblia*,
revisión 1960. Usado con permiso.

Traducido y editado por: Belmonte Traductores
Diseño interior por: Grupo Nivel Uno, Inc.

Library of Congress Control Number: 2005925359

ISBN: 1-59185-499-7

Impreso en los Estados Unidos de América

05 06 07 08 ❖ 8 7 6 5 4 3 2 1

LA RAÍZ DE TODO DOLOR: LOS EFECTOS DEL PECADO
Siempre puede trazarse el origen del dolor hasta los efectos del
pecado, ya sea nuestro propio dolor, el de otra persona o simplemente
el estado de pecado de este mundo en decadencia. Comprender la
raíz del dolor es el primer paso para ser restauradas por Aquel que
no tuvo pecado.

CÓMO RENOVAR SU MENTE, PARTE 1: ENGAÑO SUTIL
Satanás sabe que el modo más fácil de engañarnos con éxito es
mediante nuestros propios pensamientos. Debemos comprender
sus artimañas si queremos vencer el dominio e influencia que él
tiene sobre nuestra vida.

CÓMO RENOVAR SU MENTE, PARTE 2: PENSAMIENTOS POSITIVOS
Dios nunca pasa por alto nuestros pensamientos; Él obra por
medio de ellos. Es imperativo que las mujeres cristianas llenen su
mente de lo que es verdadero, noble, justo, puro, amable, admirable,
excelente y digno de alabanza conforme viajan por el camino a la
sanidad.

CÓMO REVIVIR SU CORAZÓN: RECONCILIAR LAS EMOCIONES
Las emociones que sentimos normalmente son subproductos
directos de los pensamientos que tenemos. Debemos comprender
que Dios no se siente intimidado por nuestros pensamientos:
Él quiere renovarlos.

SANIDAD DEL CORAZÓN

En esta era de asistentes personales digitales y nanotecnología, se dice muchas veces que el cambio es la única constante. Rogamos poder discrepar. Existen numerosas constantes, sin muchas de las cuales preferiríamos vivir. Una de tales constantes puede hacer estragos en nuestra vida si se lo permitimos: el dolor. El dolor es parte de la vida, nos guste o no.

El dolor viene de muchas formas. A veces va creciendo como un lento cáncer; otras veces se siente instantáneamente, como un cuchillo afilado. A veces, se produce por nuestros propios actos; y proviene con más frecuencia de circunstancias que están fuera de nuestro control. Algunas mujeres lo manejan con gracia, al menos por fuera, mientras que otras se preguntan cómo harán para pasar una hora más —sin hablar del resto de su vida— bajo el aplastante peso de lo que han experimentado.

Dios nunca nos prometió una vida sin dolor, ni tampoco Jesús experimentó una vida así cuando estuvo en esta tierra. En los 33 años que nuestro Salvador vivió como uno de nosotros, Él experimentó las mismas emociones que usted y yo. Lloró; rió; sintió compasión, enojo y todas las demás emociones intermedias. Sin embargo, no pecó. No es malo sentir dolor, ni es un pecado expresar emociones acerca de nuestro dolor, pero no tenemos por qué ser gobernadas por nuestro dolor. La muerte y resurrección de Cristo nos capacitan para experimentar esperanza y gozo, aun en medio de circunstancias abrumadoras.

Dios no quiere nada más que sanar su corazón roto. La causa de su dolor es irrelevante: Dios es mayor que cualquier cosa que usted haya experimentado o esté experimentando en este momento. A pesar del lugar donde haya estado, nuestra oración es que por medio de las páginas de este estudio usted comience a permitir que el maestro Sanador, *Jehová-rafa*, transforme su dolor interior en conducto de sus bendiciones. Eso puede parecer algo muy lejano en este momento, pero ¡no limite el poder de Dios! Si Él pudo resucitar a su Hijo de entre los muertos, Él puede restaurarla a usted, su hija.

Esto es lo que pido en oración: que el amor de ustedes abunde cada vez más en conocimiento
y en buen juicio, para que disciernan lo que es mejor, y sean puros e irreprochables
para el día de Cristo, llenos del fruto de justicia que se produce por medio de Jesucristo,
para gloria y alabanza de Dios.

FILIPENSES 1:9-11

El objetivo de esta serie es ayudar a las mujeres a identificar quiénes son, basándose en su naturaleza única y en la luz de la Palabra de Dios. Esperamos que cada mujer que sea tocada por esta serie comprenda el inescrutable amor de su Padre celestial por ella y que su vida tiene un propósito y un valor divinos. Esta serie también tiene un objetivo secundario: que a la vez que las mujeres persigan su relación con Dios, también comprendan la importancia de edificar relaciones con otras mujeres para enriquecer sus propias vidas y crecer personalmente, al igual que ayudar a otras mujeres a comprender su valor y su propósito dados por Dios.

Visión de conjunto de la sesión

Sanidad del corazón puede utilizarse en diversas situaciones, incluyendo grupos de estudios bíblicos, clases de escuela dominical o relaciones con los consejeros. Y los individuos también pueden utilizar este libro como herramienta de estudio en su hogar.

Cada sesión contiene cuatro componentes básicos.

Mujer en la vida cotidiana

Esta sección presenta el tema de la sesión, al proporcionarle una perspectiva personal de la vida de una mujer común y corriente —alguien con quien pueda identificarse—, y hace preguntas sagaces para ayudarla a enfocarse en el tema de la sesión.

Sabiduría eterna

Esta es la parte del estudio bíblico en la cual leerá la Escritura y contestará preguntas para ayudarla a descubrir las verdades de la Palabra de Dios que perduran.

Una esperanza inquebrantable

Esta sección proporciona preguntas y comentarios que la alientan a poner su esperanza en el plan de Dios.

Vida diaria

Esta sección constituye un tiempo para reflexionar sobre las formas en que Dios la esté llamando a cambiar, al sugerirle pasos que usted puede dar para llegar a ese punto. Además, constituye un tiempo para que todo el grupo ore y se anime mutuamente.

Escribir un diario

La animamos a que escriba un diario mientras esté trabajando en este estudio. Un diario personal relata su viaje espiritual, anotando oraciones, pensamientos y eventos que se producen a lo largo del camino. Releer anotaciones pasadas es un ejercicio que edifica la fe y le permite ver cómo Dios ha obrado en su vida: resolviendo una situación, cambiando una actitud, respondiendo sus oraciones o ayudándola a ser más semejante a Cristo.

Guía de discusión para líderes

Se incluye una guía de discusión para líderes al final de este libro para ayudar a las líderes a fomentar la participación, dirigir las discusiones y desarrollar las relaciones.

Hay más ayudas adicionales para dirigir grupos pequeños o mantener relaciones de consejería en la *Guía para el ministerio de mujeres de Enfoque a la Familia*.

LA *raiz* DE TODO *dolor*

LOS EFECTOS DEL PECADO

Por tanto, así como una sola trasgresión causó la condenación de todos, también un sólo acto de justicia produjo la justificación que da vida a todos. Porque así como por la desobediencia de uno sólo muchos fueron constituidos pecadores, también por la obediencia de uno sólo muchos serán constituidos justos.
ROMANOS 5:18-19

MUJER EN LA VIDA COTIDIANA

La calma de la fría noche se rompió por los agudos llantos de un recién nacido. La madre, agotada, bajó su cabeza con un último quejido. Su esposo cortó el cordón umbilical e intentó limpiar al bebé lo mejor que pudo. La mujer, aunque agradecida por su nuevo hijo, aún sentía dolor por dentro a medida que los recuerdos de la última vez en que dio a luz se agolpaban en su mente. Él había sido un hijo maravilloso, un rayo de luz en su vida; él había amado al Señor y había respetado a su padre y a su madre; había ayudado en las tareas de la casa y se había ocupado del ganado de la familia. Él había sido el tipo de hijo que toda madre debiera tener. Ella no era capaz de imaginarse lo que había impulsado a su hijo mayor a tener tal ira que asesinara a su único hermano: su querido Abel. Ni siquiera ese precioso niño recién nacido podía aplacar el intenso dolor de perder a un hijo. Cuando Adán puso al niño en brazos de ella, ella dijo: "Será llamado Set —concedido— porque Dios le ha concedido a este niño ocupar el lugar de Abel, mi hijo asesinado" (ver Génesis 4:25).

La luna continuaba su curso por el firmamento, pero Eva no podía conciliar el sueño. Pensó en el Huerto y el día que toda la vida cambió. *Si me hubiera alejado de ese árbol maldito* —pensaba—, *mi hijo seguiría vivo.* Acarició el cabello y besó la frente del recién nacido que dormía en sus brazos y comenzó a llorar de nuevo.[1]

Sin duda, Eva comprendió los efectos del pecado más que usted y yo. Ella reconoció el dolor que causó porque durante un tiempo había conocido la vida sin pecado ni dolor. Debió de haber vivido el contraste a diario, probablemente al comparar su actual dolor con la vida que ella y Adán habían disfrutado en la hermosura y la paz de un mundo sin pecado. Cuando descubrió que su hijo había sido asesinado en el campo, su tristeza debió de abrumarla, y las consecuencias del error que ella había cometido años antes debió de haberla cegado de tristeza.

Debido a la desobediencia de Eva, Dios le dijo: "Multiplicaré tus dolores" (Génesis 3:16). Eva conocía bien tal dolor, pero la maldición no finalizó con ella. Usted yo, y todas las mujeres desde Eva, hemos sentido los efectos del pecado: del nuestro y el de otros. De hecho, todo dolor al que usted se ha enfrentado o se enfrentará en el futuro está directamente relacionado con el estado pecaminoso de la raza humana.

1. Piense en los eventos de su vida que le hayan causado el mayor dolor. ¿Cómo están ligados al pecado?

2. ¿Cree que Eva se culpó a sí misma por el dolor que sintió cuando su hijo murió, al razonar que era culpa suya que Caín conociera el mal? Si es así, ¿tenía motivos para culparse a sí misma? ¿Por qué?

3. ¿Se ha culpado a usted misma por el dolor que siente como resultado del pecado de otra persona? Explique su respuesta.

Una vez que comprendamos que la raíz de nuestra tristeza, pérdida, vergüenza y dolor es el pecado, podremos comenzar la restauración mediante las promesas que Aquel que es sin pecado nos ofrece.

SABIDURÍA ETERNA

La raíz del dolor y la tristeza es el pecado, pero adopta muchas formas. Cuando Adán y Eva pecaron, el mundo entero fue afectado por las maldiciones que Dios pronunció sobre ellos. No sólo Adán y Eva fueron obligados a abandonar el Huerto malditos con trabajo interminable y dolor al dar a luz (ver Génesis 3:16-19), sino que toda la creación también experimentó una trasformación destructiva.

La maldición de la creación

Dios maldijo la tierra misma debido al pecado de Adán (ver Génesis 3:17-18). La profusa vegetación ya no volvería a cubrir la tierra de forma natural. En cambio, la tierra produciría sólo espinos y abrojos, haciendo que la humanidad tuviera que luchar para cosechar lo que era necesario para sostener la vida.

4. En Romanos 8:18-25 la palabra traducida como creación se refiere a todas las cosas en el universo físico a excepción de los seres humanos. Enumere algunos elementos de la creación que hayan sido afectados por nuestro pecado.

¿Cómo están esos elementos de la creación "sometidos a la frustración" (v. 20) y "en corrupción que los esclaviza" (v. 21)?

5. ¿De qué manera la corrupción de este mundo físico ha dado como resultado tristeza o dolor para usted o para otras personas a quienes conoce?

La maldición de la raza humana

Mediante la desobediencia de Adán y Eva, todos los hombres, mujeres y niños están sujetos a desobediencia. Aparte de la obra salvadora de Jesucristo, nadie puede ser completamente justo a los ojos de Dios. El corazón de la persona es inherentemente "engañoso... no tiene remedio" (Jeremías 17:9).

6. Según Romanos 1:28-32, ¿cuál es el estado de la raza humana apartada de Dios?

7. Comparta un ejemplo del modo en que usted ha sido herida —directa o indirectamente— por la depravación del mundo.

La maldición de nuestra vieja naturaleza

Afortunadamente, Dios proporcionó un camino para redimir a la raza humana de la maldición del pecado: su Hijo, Jesucristo. Cuando comprendemos que hemos pecado y creemos que Jesús murió en la cruz por ese pecado y fue resucitado de la muerte al tercer día, nuestros pecados son perdonados y nuestra relación con Dios es restaurada (ver Romanos 10:9-10). Sin embargo, la Biblia deja claro que no dejamos de pecar por completo inmediatamente. La maldición fue vencida por la obra de Cristo en la cruz, pero seguimos batallando con la rebelión residual de nuestras naturalezas pecaminosas cada día.

8. ¿De qué maneras ha experimentado la lucha de Pablo con el pecado tal como él la describe en Romanos 7:15-23?

Gálatas 5:16-17 deja claro que aun después que tenga el Espíritu de Dios dentro de usted, seguirá luchando con los deseos de su carne.

9. Lea la siguiente lista de pecados, tal como se enumeran en los versículos 19-21. Marque aquellos con los que usted haya batallado en el pasado. Subraye aquellos con los que esté batallando ahora.

❑ Inmoralidad sexual ❑ Celos

❑ Impureza ❑ Brotes de ira

❑ Indulgencia o glotonería ❑ Ambición egoísta

❑ Idolatría (estimar *cualquier* ❑ Disensiones/facciones
 cosa más que a Dios) ❑ Envidia

❑ Brujería ❑ Borrachera

❑ Odio o falta de perdón ❑ Comportamiento o lenguaje rudo

❑ Discordia (peleas, chismes, etc.)

10. ¿De qué forma su propio pecado ha dado como resultado consecuencias dolorosas con las cuales ha tenido que vivir?

¿Cómo ha afectado su pecado a otras personas?

Cada vez que escogemos desobedecer a Dios, pecamos (ver Santiago 4:17). No hay excusa ni justificación para ello, pero comprender que batallaremos con nuestra carne hasta el día en que muramos —o hasta que Cristo regrese para llevarnos a casa— puede ayudarnos a evitar que caigamos en la desesperación. Tenemos esperanza en Jesús. Él ha ganado la batalla contra la tentación y el pecado, y nos ayudará a que nosotras hagamos lo mismo (ver Hebreos 4:14-16).

A Satanás le gusta mucho atraparnos en una cárcel de vergüenza; él sabe que si puede hacer que no sólo nos sintamos indignas debido a nuestro propio pecado, sino que también nos sintamos responsables de los pecados de quienes nos rodean, seremos inofensivas para él y sus malvados planes.

No sabemos si Eva se sintió responsable de la muerte de su hijo Abel, pero puede que razonara primero que si ella no hubiera pecado, Caín no habría asesinado a Abel. Lo que sí sabemos es que una vez Satanás nos atrape con la tentación y nosotras sucumbamos a ella, le encanta acusarnos de nuestro pecado y llenarnos de culpa y vergüenza. Sin embargo, podemos estar seguras que ya sea que Eva lo reconociera o no, Caín actuó por voluntad propia, al ceder al pecado y asesinar a su único hermano por celos.

11. Lea Génesis 4:6-7. ¿Fue Caín advertido sobre las consecuencias que provocaría una mala elección? Por favor, explique su respuesta.

12. ¿Cómo nos libera Romanos 1:18-20 de la responsabilidad personal por el pecado de otras personas?

Dios advirtió a Caín de las consecuencias de sus actos potenciales y, sin embargo, Caín escogió pecar a pesar de ello (Génesis 4:8-9). Romanos 5:12 dice: "Por medio de un sólo hombre el pecado entró en el mundo, y por medio del pecado entró la muerte. Fue así como la muerte pasó a toda la humanidad, porque *todos pecaron*" (énfasis añadido). Desde la Caída, todo hombre, mujer y niño peca por voluntad propia. Eva no era responsable de los actos de Caín; Caín desobedeció el mandamiento directo de Dios por sí mismo.

13. ¿De qué formas se ha culpado a usted misma por el pecado de otras personas?

Aunque vivimos en un mundo caído y en cuerpos corrompidos por el pecado, como cristianas, tenemos una esperanza que trasciende al dolor que causa el pecado. No sólo Dios nos ha perdonado los pecados que hemos cometido, sino que también tenemos la seguridad de que algún día seremos liberadas de estos cuerpos inherentemente pecaminosos, seremos sacadas de este mundo corrompido y se nos darán cuerpos nuevos, según el cuerpo sin pecado y resucitado de Cristo (ver 1 Corintios 15:20-22, 42-45).

14. Según 1 Corintios 15:20-22, 42-45, ¿cómo combate la esperanza de la salvación la maldición de la creación, la maldición de la raza humana y nuestra lucha con nuestra vieja naturaleza?

Tenemos también otra esperanza como cristianas: la justicia de Dios. Dios no puso el mundo en movimiento y después ocupó un asiento en lo alto de las gradas para observar cómo el mal crece y vence a sus hijos. Por el contrario, Él está muy activo en los asuntos del hombre, y tiene un insaciable sentido de justicia.

En el Salmo 73, Asaf se lamentaba que los hombres malvados parezcan prosperar; se preguntaba por qué él había trabajado tanto para ser puro e inocente cuando los impíos andaban "descuidados" y disfrutaban del "aumento de riquezas" (v. 12). Pero un día cuando estaba adorando a Dios, comprendió el destino de ellos (v. 17).

15. Según el Salmo 73:17-28, ¿qué les ocurre finalmente a quienes desprecian a Dios?

Vuelva a leer los versículos 23-24. ¿De qué maneras ha experimentado usted esta verdad cuando el pecado de otras personas le ha herido? ¿Qué esperanza encuentra en estos versículos?

Vuelva a leer los eventos que enumeró en la pregunta 1. Elija uno para considerarlo según el siguiente formato. Cuando haya completado el primero, en una hoja de papel aparte haga lo mismo con las demás heridas que enumeró.

16. Herida 1: _____

¿De quién fue el pecado que provocó este dolor?

En una escala de 1 a 10, ¿hasta qué punto sigue usted aferrándose a esta herida?

1	2	3	4	5	6	7	8	9	10

La he soltado   Aún no la he soltado

¿Qué se necesitaría para ser sanada de este dolor?

A veces, es difícil reconocer simplemente lo heridas que hemos sido por un incidente, en especial si el evento ocurrió hace bastante tiempo. Pero al igual que un corte puede parecer que se está curando y después se infecta, es importante que usted descubra y limpie esas heridas del modo adecuado. Hacer caso omiso a sus heridas sólo hará que permanezcan más tiempo y se hagan más graves.

Esta semana, pídale al Señor que le revele las áreas en su corazón que necesita sanar. Si pide con un corazón sincero y espera una respuesta, Él se lo revelará a su tiempo.

Nota

1. Ver Génesis 3-4.

CÓMO *renovar* SU MENTE

PARTE 1: ENGAÑO SUTIL

Practiquen el dominio propio y manténganse alerta.
Su enemigo el diablo ronda como león rugiente,
buscando a quién devorar.
1 PEDRO 5:8

MUJER EN LA VIDA COTIDIANA

El gimnasio de la universidad estaba abarrotado para el comienzo de la ceremonia. El tiempo era mucho más caluroso de lo normal. Una ola de calor había llegado muy pronto y ni siquiera los grandes aparatos de aire acondicionado podían refrescar a los cientos de personas que se habían reunido para la graduación. Daniela se abanicaba con un programa, esperando que su maquillaje no se derritiera antes de que se tomaran las fotografías. Dejó que sus ojos recorriesen el fondo del gimnasio una vez más al buscar a su papá, y se reprendió sí misma a la vez que lo hacía. *Ya sabes que no va a venir, Daniela. No le ha importado lo suficiente como para venir a tu graduación o ni siquiera a uno de tus partidos de fútbol. Vamos, Dani, ¡por años ni siquiera ha reconocido que estás viva! ¿Qué te hace pensar ahora que mereces el esfuerzo del viaje? Es probable que esté tomando el sol con su novia en California o algo así.*

El presidente de la escuela finalmente pronunció el nombre del primer graduado. Se escuchó: "Esteban Pérez" con un tono monótono por los altavoces. El gimnasio se llenaba de aplausos a medida que cada graduando era llamado a la plataforma, pero Daniela no los escuchaba. Su mente estaba repitiendo un número bien conocido que ocupaba su atención.

¡No es de extrañarse que yo no pueda conseguir una cita! Mi propio padre sabe que ni siquiera soy digna de un boleto de avión. ¿En qué fallé? Es probable que yo sea el motivo por el que él se fue en primer lugar; por eso a mamá no le gusta hablar de ello. Vio a su mamá sentada a unas cuantas filas de distancia de la plataforma, con su brazo rodeando a la hermana menor de Daniela. *¿Cómo pudo Dios dejar que esto nos ocurriera? Si Él nos amara tanto como yo creía que lo hacía, no habría permitido que papá se fuera.*

El sonido de su propio nombre por los altavoces le hizo volver a la realidad: "Daniela Torres", seguido por el aplauso de costumbre.

Cuando caminaba hacia la plataforma y estiró el brazo para recibir su diploma tan difícilmente ganado, pensó: *¿Cómo podría Dios aceptarme cuando mi propio padre no lo hace?* Cuando Daniela regresó a su asiento, musitó: "Entonces yo tampoco le necesito a Él".[1]

¿Alguna vez ha dado un paso atrás para escuchar realmente sus propios pensamientos? ¿Se ha quedado sorprendida por ellos y se ha preguntado de dónde venían? En su libro *Salvaje de corazón*, John Eldredge escribió: "Nos mienten todo el tiempo. Sin embargo, nunca nos detenemos para decir: 'espera un momento… ¿quién más está hablando aquí? ¿De dónde vienen estas ideas? ¿De dónde vienen estos *sentimientos*?'".[2]

1. ¿Cuál fue el pensamiento positivo más reciente que tuvo sobre usted misma?

2. ¿Cuándo fue la última vez que tuvo un pensamiento negativo sobre usted misma? Describa ese pensamiento.

¿Con cuánta frecuencia tiene pensamientos negativos sobre usted misma?

¿Cuál es la fuente de tales pensamientos?

Nosotras, igual que Eva, cedemos al mismo engaño sutil con el cual Satanás la tentó. ¿Pero qué forma adopta ese engaño? ¿Cómo pudo Satanás convencer a Eva para que le diera la espalda al Dios que ella conocía y amaba?

SABIDURÍA ETERNA

El apóstol Pedro advirtió: "Practiquen el dominio propio y manténganse alerta. Su enemigo el diablo ronda como león rugiente, buscando a quién devorar" (1 Pedro 5:8). La influencia de Satanás no está limitada a los incrédulos. Su meta definitiva es hacer que los creyentes duden de lo que Dios ha dicho, haciendo así que sean quebrantados e inútiles. Para sobrevivir a los ataques de nuestro enemigo, debemos estar alerta de sus tácticas.

3. Según 2 Corintios 11:3, ¿cómo engañó Satanás a Eva?

Satanás fue capaz de que Eva diera la espalda a su "devoción pura y sincera" a Dios desviando su mente; él hizo que ella cuestionara lo que Dios había dicho y la tentó a vivir independientemente de Él.

Al igual que en la batalla militar, si usted no comprende las tácticas de su enemigo, su enemigo seguirá ganando las batallas contra usted. Ya hemos visto que el plan de batalla de Satanás contra Eva —según 2 Corintios 11:3— fue desviar su mente. La palabra griega para "mente" en ese versículo, *noema*, significa "aquello que piensa, la mente, pensamientos o propósitos". Se menciona otras cuatro veces en el libro.[3]

4. Lea 2 Corintios 2:11, que también utiliza la palabra "noema". En este versículo se traduce por "artimañas". ¿Qué le dice eso acerca de la naturaleza de la estrategia de Satanás contra los cristianos?

¿Por qué Satanás escoge esa táctica? Mirémoslo de este modo: si yo le mintiera a usted de forma descarada, probablemente usted descubriera mi mentira; pero si yo le *engañara*, usted ni siquiera lo sabría, especialmente si ese engaño estuviera disfrazado como uno de sus propios pensamientos. La mayoría de las mujeres cristianas no asesinan, saquean ni pertenecen a grupos terroristas. Satanás tiene que adoptar una perspectiva más sigilosa, al saber que la facultad más susceptible de usted es su mente.

Satanás ha adoptado esa perspectiva a lo largo de la Historia, desde Adán y Eva hasta usted y yo. El rey David no fue una excepción.

Lea 1 Crónicas 21:1-7. La palabra hebrea para "incitar" en el versículo 1, *cuwth*, significa "atraer, instigar o seducir".[4] De una manera rara. eso suena similar a la estrategia de Satanás en el huerto del Edén, ¿no es cierto? (ver Génesis 3:1-4). David quería contar su innumerable ejército para satisfacer su orgullo. En esencia, él estaba poniendo la confianza en sí mismo y en la fuerza de Israel en lugar de confiar en Dios, quien había ayudado a Israel a derrotar ejércitos mucho más numerosos que ellos una y otra vez.

5. Basándose en lo que hemos visto de la estrategia de Satanás hasta este punto, ¿con qué pensamientos concretos cree usted que sedujo a David?

Ananías y Safira son otro ejemplo del sutil engaño de Satanás. En lugar de jugar con el orgullo, como hizo con David, Satanás escogió tentar a aquella pareja a mentir evocando el egoísmo y avaricia de ellos.

6. Lea Hechos 5:1-11. Según el versículo 3, ¿quién llenó el corazón de Ananías para que mintiese contra el Espíritu Santo?

La palabra griega para "llenar" en este versículo, *pleroo*, significa "llenar por completo", "completar" o "llevar a efecto".[5] Notemos que la misma palabra se utiliza en Hechos 13:52: "Y los discípulos quedaron *llenos* de alegría y del Espíritu Santo" (énfasis añadido).

7. Basándose en la definición de "pleroo", ¿qué significa ser "lleno de alegría y del Espíritu Santo?

8. Hablando en términos prácticos, ¿cómo se relacionan los pensamientos con *pleroo*?

¿Cómo son dependientes sus pensamientos de la persona o cosa que los llena?

9. ¿Qué tipo de pensamientos es probable que llenasen las mentes de los discípulos?

¿Con qué pensamientos cree usted que Satanás tentó a Safira para hacer que se uniera a la conspiración de su esposo y que finalmente muriera?

UNA ESPERANZA INQUEBRANTABLE

Como ya hemos visto, 2 Corintios 2:11 nos advierte que estemos alertas a las artimañas de Satanás, o noema. Ahora hemos dejado al descubierto la estrategia de Satanás, pero eso no nos hará ningún bien, a menos que reconozcamos el modo en que él usa el engaño de la mente contra nosotras individualmente.

Al igual que David fue tentado por el orgullo y Ananías y Safira lo fueron por la avaricia y la hipocresía, cada una de nosotras es particularmente susceptible a ciertas mentiras. Satanás conoce nuestros puntos débiles y los golpeará sin descanso con acusaciones, preguntas y perversiones de la verdad. Cada vez que le concedemos un centímetro, él avanza un metro.

Ahora es momento de cavar un poco más profundo e identificar esas áreas en las cuales usted es más susceptible al engaño de Satanás. Antes de comenzar esta sección, tome unos momentos para preparar su corazón mediante la oración.

Querido Padre, sé que soy tu hija y tú quieres que viva una vida libre de los engaños de Satanás. Examina mi mente y revela cualquier área de mi vida pensante en la cual haya permitido que Satanás obtenga un metro. ¡Quiero ser llena de alegría y de tu Espíritu Santo! En el nombre de Jesús te pido estas cosas. Amén.

A continuación, tiene un esquema que le ayudará a identificar y documentar el modo en que Satanás ataca concretamente su noema. Se proporciona el esquema de Daniela como ejemplo.

ESQUEMA DE DANIELA

Pensamiento engañoso de Satanás	Juega con mi:
1. *No tengo valor.*	Vergüenza
2. *Los chicos no creen que sea guapa.*	Baja autoestima
3. *Es culpa mía que mi papá se fuera.*	Culpa
4. *Si Dios me amara, no habría permitido que mi papá se fuera.*	Falta de fe en la soberanía de Dios
5. *Dios no podría aceptarme tal como soy.*	Baja autoestima
6. *No necesito a Dios.*	Orgullo

Ahora rellene su propio esquema. Observe esos pensamientos que surgen especialmente cuando usted piensa en las heridas que destacó en la sesión uno. ¡A Satanás le encanta golpearnos donde somos más débiles! Utilice otra hoja de papel si es necesario.

SU ESQUEMA

Pensamiento engañoso de Satanás	Juega con mi:
1.	
2.	
3.	
4.	
5.	
6.	

Antes de continuar, dé gracias a Dios por revelarle esas áreas. Puede que Él le revele más pensamientos engañosos en los próximos días y semanas. Cuando Él lo haga, anótelos en su esquema.

VIDA DIARIA

La estrategia de Satanás —el sutil engaño mezclado con nuestros pensamientos— requiere una acción seria por parte nuestra. Si queremos reconocer y combatir sus mentiras, debemos conocer la verdad de la Palabra de Dios tan bien que reconocer las mentiras de Satanás sea una segunda naturaleza.

Reconocer el engaño de Satanás es muy parecido a reconocer el dinero falso. Cuando el Servicio Secreto de los Estados Unidos entrena a sus reclutas para que puedan detectar el fraude monetario, quienes adiestran no les muestran dinero falso y hacen que ellos estudien sus imperfecciones. En cambio, los reclutas pasan horas examinando billetes de verdad, por memorizar cada detalle por pequeño que sea: el retrato, los sellos, el borde, los números de serie y la calidad del papel. Una vez que están íntimamente familiarizados con el dinero *de verdad*, detectar el dinero falso se convierte en algo natural. Puede que no sean capaces de señalar el fallo exacto en el billete falso, pero pueden sentir que hay algo que no es correcto.[6]

Lo mismo es cierto de su vida pensante. Cuando usted está íntimamente familiarizada con la verdad de Dios, cualquier mentira que Satanás intente deslizar en sus pensamientos enviará banderas rojas. Un firme conocimiento de la verdad es la mejor defensa contra las artimañas de su enemigo.

En la parte izquierda del siguiente esquema, escriba los pensamientos engañosos que anotó en la sección anterior. En la parte derecha, escriba referencias bíblicas y la verdad que combate las mentiras de Satanás.

Pensamiento engañoso de Satanás	Verdad de Dios
Ejemplo: *No tengo valor.*	• He sido creada de modo admirable y maravilloso (ver Salmo 139:14). • Jesús murió por mí, y tengo un gran valor en Él (ver Juan 3:16). • Dios valora a los pájaros lo suficiente para cuidar de ellos, y yo valgo más para Él que muchos pájaros. Él conoce todo de mí y a pesar de ello me acepta (ver Lucas 12:6-7).
1.	
2.	
3.	
4.	
5.	
6.	

Profundice en la Palabra de Dios esta semana. Cuando lea, escriba en tarjetas los versículos que hablen particularmente contra las mentiras de Satanás. Memorice esos versículos —uno cada vez— que combatan de forma concreta las mentiras con que Satanás llena su mente. Cuanto más tiempo pase con Dios, en su Palabra y en oración, más equipada estará para estar firme contra las artimañas del diablo.

Pónganse toda la armadura de Dios para que puedan hacer frente a las artimañas del diablo. Porque nuestra lucha no es contra seres humanos, sino contra poderes, contra autoridades, contra potestades que dominan este mundo de tinieblas, contra fuerzas espirituales malignas en las regiones celestiales. Por lo tanto, pónganse toda la armadura de Dios, para que cuando llegue el día malo puedan resistir hasta el fin con firmeza (Efesios 6:11-13).

Notas
1. Esta historia es un relato ficticio. Cualquier parecido con eventos reales o personas vivas o muertas es pura coincidencia.
2. John Eldredge, *Salvaje de corazón* (Nashville, TN: Caribe-Betania, Inc., 2003), p. 152.
3. "The New Testament Greek Lexicon", Crosswalk.com.
   http://bible.crosswalk.com/Lexicons/Greek (tomado el 3 de noviembre de 2003).
4. "The Old Testament Hebrew Lexicon", Crosswalk.com.
   http://bible.crosswalk.com/Lexicons/Hebrew (tomado el 3 de noviembre de 2003).
5. "The New Testament Greek Lexicon", Crosswalk.com.
   http://bible.crosswalk.com/Lexicons/Greek (tomado el 3 de noviembre de 2003).
6. "Know Your Money: How to Detect Counterfeit Money", *United States Secret Service*.
   http://www.secret-service.gov/money_detect.shtml (tomado el 1 de noviembre de 2003).

CÓMO *Renovar* SU MENTE

PARTE 2: PENSAMIENTOS POSITIVOS

Por último, hermanos, consideren bien todo lo verdadero, todo lo respetable,
todo lo justo, todo lo puro, todo lo amable, todo lo digno de admiración,
en fin, todo lo que sea excelente o merezca elogio.
FILIPENSES 4:8

MUJER EN LA VIDA COTIDIANA

La planta de pediatría del hospital St. Francis comenzaba a sentirse como el hogar; no, *era* el hogar. Alissa había pasado demasiadas noches allí para poder contarlas, cuidando en silencio a su hijito, Jensen. No tenía aún los dos años de edad y ya había pasado por media docena de operaciones. Los doctores seguían sin poder dar una respuesta a la familia. Ah, varios lo habían intentado, pero el tiempo siguió demostrando que aun sus explicaciones más lógicas estaban equivocadas. Alissa estaba agotada. Su estancia de tres semanas había sido particularmente difícil. Los doctores habían insertado un tubo de alimentación en el estómago de Jensen, y nadie sabía por cuánto tiempo iba a necesitarlo. En aquel instante, su precioso niñito estaba dormido en la cuna del hospital, el primer rato de paz que había conocido en varios días. Alissa metió su brazo por entre los listones de la cuna para agarrar la mano de su hijo, el único lugar de su cuerpo que no estaba conectado a un monitor mediante cables enredados. El monótono y rítmico sonido del monitor del corazón hizo que la fatiga con la que Alissa había estado batallando todo el día finalmente la venciera. Apoyó su cabeza en el frío metal de la cuna, y presa en la tierra de nadie entre la conciencia y el sueño dejó que su mente vagase por un laberinto de ansiedad. *Dios, ¿por qué no puedes sencillamente sanarlo? ¡Él ya ha soportado mucho! ¿Por qué nos haces transitar por este camino sin fin? Señor, no podría soportarlo si él muriera.* Sólo el pensamiento de perder a Jensen le hacía sentir náuseas. *¿Y si eso es lo que Dios ha planeado todo el tiempo? Tú me lo vas a quitar, ¿verdad, Dios?* Sus hombros comenzaron a temblar con silenciosos sollozos, a la vez que una oscura escena se visualizaba en su mente... un campo de hierba, húmeda por la lluvia... un funeral... una pequeña lápida... su esposo en llanto... dolor, tristeza y oscuridad... *¿Es eso lo que tú quieres para mi pequeño?* En aquel momento, sus pensamientos casi le gritaban a Dios, atrapados y agotados en el silencioso sepulcro de su mente.[1]

Es increíble lo rápido que nuestros pensamientos pueden sobrepasar a nuestro mejor sentido, ¿no es cierto? ¿Cuántas veces ha permitido usted, al igual que Alissa, que su imaginación se haga tan real que usted siente los sentimientos —y quizá incluso derrame lágrimas— en su mundo creado?

1. ¿Cuál ha sido el incidente más reciente por el que se preocupó e imaginó lo peor? ¿Se hicieron realidad esas imaginaciones?

    ¿Ve alguna relación entre esos pensamientos destructivos y su estado físico (como estar cansada, hambrienta o fatigada)? Por favor, explique su respuesta.

Como vimos en la sesión dos, a Satanás le encanta atraparnos con el engaño sutil dirigido a nuestras mentes, en especial si nuestras defensas están bajas. El primer paso es reconocer su engaño; el segundo paso es renovar nuestros pensamientos: sustituir las mentiras de Satanás por la verdad de Dios. Veamos más de cerca lo que eso significa.

> **Nota**: Aunque Satanás es el padre de mentira, no está detrás de cada pensamiento engañoso. Nuestra naturaleza pecaminosa muchas veces hace que nosotras seamos nuestro peor enemigo, y debemos aceptar la responsabilidad por nuestros pensamientos y actos.

SABIDURÍA ETERNA

Al igual que en el caso de Alissa, los pensamientos que vagan y son falsos sustituyen la paz de Dios por ansiedad, temor y desesperanza. La Biblia nos da pautas muy claras sobre qué pensamientos y actos producirán la paz de Dios, una paz que va más allá de cualquier cosa que podamos soñar por nosotras mismas. Al explorar estas pautas, nos detendremos en Filipenses 4:4-9. Estos versículos se citan aquí para su comodidad. Las palabras griegas que examinaremos están en cursiva. Hay muchas, pero este pasaje es particularmente poderoso cuando comprendemos los significados originales que están *detrás* de las palabras.

> [4]Alégrense [*chairo*] siempre en el Señor. Insisto: ¡Alégrense! [5]Que su amabilidad [*epieikes*] sea evidente a todos. El Señor está cerca. [6]No se inquieten [*merimnao*] por nada; más bien, en toda ocasión, con oración y ruego, presenten sus peticiones a Dios y denle gracias. [7]Y la paz de Dios, que sobrepasa todo entendimiento, cuidará sus corazones y sus pensamientos [*noema*] en Cristo Jesús. [8]Por último, hermanos, consideren bien todo lo verdadero [*alethes*], todo lo respetable [*semnos*], todo lo justo [*dikaios*], todo lo puro [*hagnos*], todo lo amable [*prosphiles*], todo lo digno de admiración [*euphemos*], en fin, todo lo que sea excelente [*arête*] o merezca elogio [*epainos*]. [9]Pongan en práctica lo que de mí han aprendido, recibido y oído, y lo que han visto en mí, y el Dios de paz estará con ustedes [Notas del autor].

2. Según el versículo 7, ¿qué guardará su ser interior (su corazón y su *noema*)?

La conjunción "y", al comienzo del versículo 7, muestra que esta promesa es condicional; es una promesa con "si, entonces". *Si* escogemos seguir la condición, *entonces* la paz de Dios guardará nuestros pensamientos. Los versículos del 4 al 6 establecen esas condiciones.

3. ¿Qué condición se presenta en el versículo 4? ¿Hay alguna excepción a esa condición? En otras palabras, ¿hay ocasiones en que estemos exentas de alegrarnos?

Chairo, traducida como "alegrarse" en estos versículos, significa "estar contento; regocijarse en extremo", pero se utiliza a menudo en el contexto de expresar saludos a alguien. Es una actitud tanto de *relación* como interna.[2]

4. Con el significado de *chairo* en mente, ponga un ejemplo de regocijo aun en medio de una situación dolorosa.

¿Qué condición se da en el versículo 5?

Epieikes significa "apropiado, amable, igualitario y justo".[3] Tito 3:2 nos da una mayor iluminación de esta palabra; este versículo nos dice: "a no hablar mal de nadie, sino a buscar la paz y ser respetuosos [*epieikes*], demostrando plena humildad en su trato con todo el mundo". Como aprendimos en la sesión uno, la raíz que causa nuestro dolor es probablemente el pecado de otra persona. La condición que se encuentra en Filipenses 4:5 ¡no excluye a esa persona! Más bien somos llamadas a tratarla con justicia y amabilidad.

5. ¿Cómo ha sido tentada a hablar mal de quienes le han herido?

6. ¿Por qué cree que Pablo mencionó "el Señor está cerca" justo después de decirnos que mostremos amabilidad a todos?

7. ¿Cuál es la tercera condición para la paz mental, tal como se encuentra en el versículo 6?

Merimnao significa "estar turbado por preocupaciones".[4] Nosotras podríamos testificar de la tendencia general del género humano a estar turbado por algo tan insignificante como una uña partida. Pero, en general, nuestras mayores causas de ansiedad son esas heridas o circunstancias concretas que no podemos controlar. Pablo parece hablar directamente a esas heridas en el versículo 6. Es como si dijera: "Eh, ¡no se turben por nada! ¡No les va a hacer ningún bien! En cambio, pidan a Dios que les sane y sean agradecidos por todo lo que Él ha hecho en su vida por medio de su dolor".

8. Cuando usted cumple las tres condiciones de las que hemos hablado, el versículo 7 dice que Dios "guardará" su corazón y su mente (*noema*). ¿De qué los guardará?

9. Ahora que comprende esas tres condiciones para tener verdadera paz en su corazón, escriba los versículos del 4 al 7 con sus propias palabras según se apliquen a sus circunstancias en estos momentos.

UNA ESPERANZA INQUEBRANTABLE

Lo increíble de los versículos que hemos leído es que, bueno, ¡son *ciertos*! Cuando usted escoge alegrarse, aun en su dolor; cuando trata a todo el mundo —incluso a quienes le han herido— con justicia, amabilidad y compasión; y cuando ora con un corazón agradecido en lugar de dejar que su imaginación se desboque, la paz que sentirá le sorprenderá. La clave aquí está en *escoger* obedecer. Probablemente, usted no *sentirá* que tiene algo por lo que estar agradecida al principio, pero conforme vaya obedeciendo, sus sentimientos seguirán. Lo mismo es cierto de cada una de las condiciones que hemos discutido.

10. ¿Cómo puede una persona alegrarse (*chairo*) en medio del dolor?

Ya que alegrarse (*chairo*) es relacional y también interno, ¿quién puede beneficiarse del testimonio de alabanza de un creyente en tiempos de problemas?

11. ¿A quién en particular necesita usted demostrar amabilidad (*epieikes*)?

¿Cuáles son dos o tres formas prácticas en que puede usted ser justa, amable y/o compasiva con esa persona?

12. En lugar de ceder a la ansiedad, ¿qué peticiones concretas necesita presentar delante de Dios?

¿De qué puede estar agradecida en esa situación?

Escriba a Dios con respecto a las respuestas que haya dado a las preguntas 10 a 12. Pídale que le dé la fuerza para poner en práctica esas respuestas, honre su obediencia y la inunde con la paz de Él.

Dios nunca pasa por encima de nuestra mente; Él trabaja por medio de ella. La paz que Él promete está directamente relacionada con los pensamientos correctos que pensamos. No es suficiente con evitar pensar pensamientos *incorrectos*; tenemos que reemplazarlos por pensamientos *correctos*. (Vaciar nuestra mente, tal como fomentan muchas religiones orientales y la Nueva Era, solamente da al diablo más oportunidad de llenarla con mentiras.) Filipenses 4:8-9 nos da pautas prácticas para nuestros pensamientos. Estas pautas —junto con el toque del Espíritu Santo— renovarán nuestros pensamientos y nos traerán paz mental.

Las siguientes son las pautas para nuestra vida pensante que Pablo nos da en el versículo 8. Él nos dice que si pensamos en esas cosas, "el Dios de paz estará con ustedes" (v. 9). Después de la definición de cada palabra griega, escriba uno o dos pensamientos que combatan los pensamientos y sentimientos incorrectos con los cuales usted es tentada a sentirse ansiosa. Para ayudarle a comenzar, se indican en cursiva los ejemplos que Alissa podría haber escrito.

"Todo lo **verdadero** [*alethes*]" – Definición: verdad, veraz, que ama la verdad, que habla la verdad[5]

Ejemplo: *A pesar de lo difíciles que han sido los dos últimos años, Jensen sigue vivo.*

◆

"Todo lo **respetable** [*semnos*] – Definición: venerable, honorable, que llama al respeto a causa del carácter o logro[6]

Ejemplo: *Los doctores y las enfermeras han sido de mucha ayuda y muy amables; verdaderamente bendiciones del Señor.*

◆

"Todo lo **justo** [*dikaios*]" – Definición: recto, que guarda los mandamientos de Dios, inocente, sin culpa[7]

Ejemplo: *Perdóname por dudar de tu infinito amor por mi hijo, Señor. Aumenta mi fe a medida que confío en ti.*

◆

"Todo lo **puro** [*hagnos*]" – Definición: puro de carnalidad, casto, modesto, inmaculado, limpio[8]

Ejemplo: *Señor, no importa lo que ocurra en el futuro, yo aceptaré tu voluntad y confiaré en ti.*

◆

"Todo lo **amable** [*prosphiles*]" – Definición: aceptable, agradable[9]

Ejemplo: *Estoy muy agradecida por tener un esposo con quien pasar este tiempo. Hay muchas mujeres que intentan manejar todo esto ellas solas.*

◆

"Todo lo digno de **admiración** [*euphemos*]" – Definición: expresar palabras de buenas intenciones, hablar favorablemente[10] o protección y guía amable.[11]

Ejemplo: *Sé que la vida de Jensen es un testimonio de la gracia de Dios, y el tiempo que hemos pasado aquí en el hospital ha estado lleno de oportunidades de compartir mi esperanza con otros.*

◆

"Todo lo que sea **excelente** [*arete*]" – Definición: virtuoso curso de pensamiento, sentimiento y acción; cualquier excelencia moral en particular, como modestia o pureza.[12]

Ejemplo: *¡Jensen ha sido muy valiente en todo esto!*

◆

"O merezca **elogio** [*epainos*]" – Definición: alabanza, recomendación;[13] o aprobación oficial de.[14]

> Ejemplo: *Señor, acepto tu voluntad para nuestras vidas con gozo y gratitud, y confío en que no nos darás nada que no podamos manejar contigo a nuestro lado.*

◆

"Piensen en todas esas cosas."

Ponga esta semana en práctica esos pensamientos verdaderos. Se sorprenderá de lo rápido que sus sentimientos seguirán. Permita que el Espíritu Santo renueve sus pensamientos y edifique justicia en usted. ¡La paz que Dios ofrece sobrepasa con mucho el esfuerzo que requiere!

Notas

1. Esta historia está basada en eventos reales y se usa con permiso.
2. "The New Testament Greek Lexicon", *Crosswalk.com*. http://bible.crosswalk.com/Lexicons/Greek (tomado el 9 de noviembre de 2003).
3. Ibid.
4. Ibid.
5. Ibid.
6. Ibid.
7. Ibid.
8. Ibid.
9. Ibid.
10. Ibid.
11. *Merriam-Webster´s Collegiate Dictionary*, 11th ed., bajo "auspice".
12. "The New Testament Greek Lexicon", *Crosswalk.com*. http://bible.crosswalk.com/Lexicons/Greek (tomado el 9 de noviembre de 2003).
13. Ibid.
14. *Merriam-Webster´s Collegiate Dictionary*, 11th ed., bajo "commend".

CÓMO *revivir* SU CORAZÓN

RECONCILIAR LAS EMOCIONES

Pero algo más me viene a la memoria, lo cual me llena de esperanza:
El gran amor del Señor nunca se acaba, y su compasión jamás se agota.
Cada mañana se renuevan sus bondades; ¡muy grande es su fidelidad!
LAMENTACIONES 3:21-23

MUJER EN LA VIDA COTIDIANA

Ahí está él, viendo otra vez la televisión. ¿Qué tiene que hacer una mujer para tener algo de ayuda aquí? Margarita agarró los platos sucios de la mesa y se dirigió otra vez a la cocina. Felipe no se dio cuenta del movimiento de sus ojos; después de un largo día en la oficina, él estaba completamente absorto en el programa de fútbol. En la cocina, Margarita frotaba las tazas con una dureza especial. *Supongo que también se pondrá todo romántico. ¡Ag! ¡Qué agallas tiene este hombre! ¡Me ignora toda la tarde y después espera que yo caiga rendida a sus pies! ¡Cualquiera pensaría que en 25 años de matrimonio él ya hubiera aprendido que las mujeres simplemente no funcionan de esa forma!* Ella frotaba aún con más fuerza a la vez que comenzó a sentir un nudo en la garganta. Su monólogo interno continuó hasta que el último plato quedó secándose en la pila. *Al menos cuando los chicos estaban aquí, yo tenía algo de distracción.* Secó la encimera y volvió a dirigirse hacia la sala casi a punto de llorar.

—Cariño—dijo Felipe cuando ella regresó—, ¿por qué no vienes a sentarte aquí a mi lado?

Eso fue la gota que colmó el vaso. Las lágrimas le corrían libremente, y una ola de enojo, amargura, rechazo y temor bajaba por sus mejillas. *Oh, ¡ni siquiera intentes ser tan dulce ahora!*, pensó ella, pero ninguna palabra logró abrirse paso por el nudo que había en su garganta y sus labios cerrados. En cambio, se levantó y se fue rápidamente al dormitorio para desahogarse. Confundido, Felipe siguió viendo el partido de fútbol. Él no sabía qué hacer; supuso que ir tras ella sólo empeoraría las cosas. *Debe ser algo de mujeres —pensó él—; probablemente extraña a los niños o algo así.* Agarró con su mano la pequeña cajita envuelta que había escondido debajo del periódico, y luego la puso en el cajón de la mesita.[1]

ॐ

La mayoría de nosotras hemos pasado por una experiencia como la de Margarita, en la cual nos metemos hablando —o más bien pensando— en una mazmorra emocional.

1. ¿Cómo supone que Margarita llegó a ser tan fría hacia su esposo?

¿Qué hizo que ella pasara de ser la Margarita calmada y sosegada a ser la Margarita hecha un desastre emocional?

2. ¿De qué formas se relaciona usted con la experiencia de Margarita?

Hemos pasado las dos sesiones anteriores aprendiendo a reconocer los pensamientos destructivos y cómo reemplazarlos por la verdad de Dios. Ahora veamos cómo reconciliar nuestras emociones: cómo comenzar a aplacar el *dolor*.

Por su naturaleza misma, las emociones están intrínsecamente ligadas a nuestros pensamientos. En las sesiones anteriores, cuando aprendimos cómo reemplazar las mentiras de Satanás con la verdad, puede que notara que su salud emocional ya estaba comenzando a mejorar.

El profeta y sacerdote Jeremías exhibía este principio una y otra vez. A menudo, se le denomina "el profeta que llora" porque expresaba sus emociones abiertamente. Si alguien necesitaba un corazón renovado, era Jeremías. Debido a las palabras proféticas que él había dado a la nación de Israel de parte de Dios —que Israel caería en manos de los babilonios—, fue amenazado, encarcelado, obligado a huir del rey Joaquín, humillado públicamente por un falso profeta y lanzado a una mazmorra. Aun cuando la profecía de Jeremías se cumplió en el año 586 a. C., eso no llevó descanso a su agotada alma.

Su diálogo en Lamentaciones 3 es un ejemplo perfecto de cómo los pensamientos afectan a las emociones.

3. Lea Lamentaciones 3:1-33 y luego describa algunas de las emociones que Jeremías expresó (o dio a entender) en los versículos 1-18.

¿A quién culpó Jeremías de sus lamentos?

¿Qué dio a entender Jeremías sobre el carácter de Dios en estos versículos?

Según el versículo 20, ¿qué efecto tuvieron esos pensamientos en el estado emocional de Jeremías?

4. Parafrasee el versículo 21 aplicándolo a su propia vida.

El versículo 21 marca un punto de inflexión para Jeremías. Después de 20 versículos de desesperación, ¡él sintió esperanza! ¿Por qué ese cambio en su corazón? La respuesta radica en su cambio de *mente*.

5. ¿Qué emociones expresó (o dio a entender) Jeremías en los versículos 21-33?

¿Qué dio a entender Jeremías sobre el carácter de Dios en estos mismos versículos?

¿Cómo se correspondieron los pensamientos de Jeremías directamente con sus emociones?

Aun después de todo lo que Jeremías había pasado, había más por llegar. Unos cuantos años después, él fue obligado a abandonar su querido país y huir a Egipto. Es posible que nuestras circunstancias no cambien, pero podemos seguir sintiendo gozo, paz, esperanza y hasta felicidad y contentamiento en medio de las tormentas de la vida. La clave está en pensar los pensamientos correctos, en especial sobre el carácter de Dios.

Hablando del carácter de Dios, ¿sabía usted que Él puede hacerse cargo de cualquier cosa que usted quiera expresar? De verdad. En caso de que no agarrara eso: *¡Dios no se siente intimidado por las emociones de usted!* "Sí, claro —está usted diciendo—, ya lo sé". ¿Pero *vive* usted como si lo supiera?

6. ¿Se ha sentido alguna vez avergonzada de sus emociones o ha dudado en secreto que Dios la acepte a pesar de ellas? Explique su respuesta.

No podemos ser completamente justas con Dios si no somos transparentes con Él. Dios creó las emociones, y Él sabe cómo funcionan. Puede que eso sea parte del motivo por el cual inspiró al rey David a registrar muchos de sus altibajos y todo su torbellino emocional. Dios quiere que sepamos que está bien poner al descubierto nuestras emociones.

En lo que son conocidos como los Salmos imprecatorios, David realmente maldijo a los que hacen mal, y rogó a Dios que tratara con justicia a los impíos. En los Salmos 10, 94 y 109 podemos prácticamente sentir el torbellino interior de David. En otros Salmos, David expresó duda (ver Salmo 22:1-2), admitió el pecado y rogó a Dios que restaurara su alma (ver Salmos 32; 38; 51).

7. Escriba un breve salmo, expresando sus sinceras emociones a Dios. Puede que quiera seguir el estilo de Lamentaciones 3 o uno de los Salmos (pensamientos y sentimientos incorrectos seguidos de la verdad y las emociones reconciliadas). Utilice otra hoja de papel si es necesario.

UNA ESPERANZA INQUEBRANTABLE

¿Ha conducido alguna vez en medio de un lugar desolado y ha visto cómo se encendía la luz del tanque de la gasolina o del motor? ¿Le pasó por el lado a la siguiente estación de servicio con temor de llegar tarde o de que el problema pudiera ser más grave de lo que usted podría manejar? Como la mayoría de las mujeres, probablemente usted aprovechó la oportunidad de detenerse para echar gasolina o para revisar el motor.

Nuestras emociones son como las pequeñas luces que hay en el cuadro de mandos de un auto. Son señales de *advertencia*, que indican que podríamos querer observar con más atención para descubrir el problema. En el caso de Margarita, sus emociones eran indicativas de años de pensamientos equivocados sobre su matrimonio y en especial sobre su esposo, Felipe.

Al igual que el sistema de advertencia de un auto, tenemos que escoger cómo abordaremos el problema. Hay cuatro formas de tratar con nuestras emociones. Podemos *suprimirlas, expresarlas, obsesionarnos* o sencillamente *abordarlas*.

Suprimir las emociones es una negación consciente de los sentimientos (contrariamente a la represión, lo cual es una negación inconsciente de los sentimientos). Las mujeres con una baja autoestima tienden a batallar con suprimir sus sentimientos, al decirse: *No debería sentirme de esta forma; algo debe estar mal en mí.* Otras podrían imponerse una ridícula alta norma para sí mismas, razonando: *Sé hacer algo mejor que sentirme de esta manera; tendré que dejarla a un lado.*

8. Los Salmos 32:3 y 39:1-2 son ejemplos de suprimir emociones. ¿Cuál fue el resultado de esa supresión?

9. Escriba un ejemplo de su propia vida de un momento en que usted suprimió sus emociones. ¿Cuál fue el resultado?

Expresar nuestras emociones de forma indiscriminada puede que tenga más consecuencias para los demás que para nosotras mismas. Las palabras que decimos o los actos que realizamos en un momento de ira, dolor o frustración pueden herir emocionalmente a otras personas y dañar permanentemente nuestra relación con ellas. La raíz de responder a las emociones de ese modo puede remontarse a que crecimos en un ambiente que permitía ese tipo de respuesta. Irónicamente, las mujeres que responden de esa manera normalmente pueden descubrir que su propio dolor radica en ese modelo y, sin embargo, seguir ese círculo.

10. Efesios 4:26-27 y Santiago 1:19-20, 26 abordan el tema de la expresión indiscriminada de las emociones. ¿Cuáles son las consecuencias de esta expresión, como se implica en estos versículos?

11. Escriba un ejemplo de su propia vida de un momento en que usted expresó emociones de modo indiscriminado. ¿Cuáles fueron los resultados de su respuesta?

Obsesionarse por sus emociones significa darles demasiada importancia. Nuestros sentimientos —a pesar de lo fuertes que sean— nunca justifican el pecado o la contradicción de la Palabra de Dios.

12. Según Génesis 4:6-7, ¿cuál fue la raíz de la depresión de Caín?

¿Cuál dijo Dios que era el requisito previo para la felicidad de Caín?

Podríamos denominar a alguien que da demasiado énfasis a sus emociones una "reina del drama". Todo lo que hace es para llamar la atención a sí misma y a sus necesidades.

13. Escriba un ejemplo de su propia vida de un momento en que usted se obsesionó con sus emociones y describa el resultado.

Abordar nuestras emociones significa evaluarlas con sinceridad, siguiéndolas hasta su raíz y luego decidir si ese pensamiento necesita cambiar. Como vimos anteriormente, la sinceridad emocional siempre comienza con Dios. La Palabra de Dios y el Espíritu Santo nos ayudarán a atravesar el torbellino de las emociones y encontrar la raíz del problema. Primero tenemos que ser sinceras con Él, y luego tenemos que tratar con la causa de esas emociones. Suprimir nuestras emociones no nos ayudará a encontrar sanidad; expresarlas indiscriminadamente sólo causará dolor a otros y hará que sintamos remordimiento y vergüenza. Obsesionarnos con nuestras emociones centra el enfoque en nosotras en lugar de hacerlo en el problema.

14. ¿Cómo se relaciona Efesios 4:25-27 con abordar sus emociones?

¿Cómo puede usted vivir de modo realista este mandamiento en su vida?

Cuando ponemos gasolina en el auto o reparamos el problema mecánico, las pequeñas luces en el cuadro de mandos se apagan. Hemos solucionado el problema, y las luces de emergencia ya no parpadean. Cuando abordamos nuestras emociones y llevamos cautivo todo pensamiento, las luces de advertencia se encenderán con menos frecuencia. A medida que con sinceridad identifiquemos y abordemos nuestras emociones, ¡las detenciones serán menos frecuentes!

Las mujeres son muy dadas a las trampas emocionales. Las 10 principales trampas emocionales son áreas en las que Satanás sabe que las mujeres son vulnerables, y él no da descanso a su deseo de seducirnos. Cada una de nosotras somos susceptibles a ciertas trampas emocionales más que otras. Al considerar cada una de las emociones en la siguiente lista, diga una oración pidiendo a Dios que examine la parte más profunda de usted para revelar cualquier inclinación hacia esa emoción.

Ponga una marca al lado de cada emoción con la que usted batalle. Se proporcionan ejemplos para ser claros.

- ❑ Celos - *¡Ella es muy hermosa! ¿Cómo puedo parecerme a ella?*
- ❑ Vergüenza – *Él no me querría si me conociera de verdad.*
- ❑ Temor – *¿Y si nunca encuentro al hombre adecuado para casarme?*
- ❑ Desesperación - *¿Cómo se supone que voy a continuar? ¡Estas circunstancias nunca cambiarán!*
- ❑ Soledad – *Nadie comprende lo que yo he pasado.*
- ❑ Inseguridad – *No creo que a ella le guste. Quizá dije algo inapropiado.*
- ❑ Amargura – *Si mi padre no lo hubiera fastidiado todo, yo no sería un desastre.*
- ❑ Descontento – *Si solamente pudiera irme de este pueblo, sé que las cosas irían mejor.*
- ❑ Duda – *Si Dios es tan bueno, ¿cómo podría haber permitido que esto ocurriera?*

Ahora, vuelva a leer la lista. Luego, en el espacio siguiente, escriba los pensamientos que provoquen las emociones que marcó.

Ahora, tome algún tiempo para ser sincera con Dios acerca de sus emociones. Recuerde que Él ya conoce lo que usted siente; ¡usted no puede sorprenderlo o asombrarlo! Pídale que restaure su corazón a medida que el Espíritu Santo le capacita para reconciliar sus emociones. Ore junto con el salmista: "Examíname, oh, Dios, y sondea mi corazón; ponme a prueba y sondea mis pensamientos. Fíjate si voy por mal camino, y guíame por el camino eterno" (Salmo 139:23-24). Utilice otra hoja de papel si es necesario.

Notas

1. Esta historia es un relato ficticio. Cualquier parecido con eventos reales o personas vivas o muertas es pura coincidencia.

Rescate
DEL NAUFRAGIO

COMPRENDER EL PERDÓN

*Si había algo que perdonar, lo he perdonado por consideración a ustedes
en presencia de Cristo, para que Satanás no se aproveche de nosotros,
pues no ignoramos sus artimañas.*
2 CORINTIOS 2:10-11

MUJER EN LA VIDA COTIDIANA

*Día: 12 de diciembre. Vaya. Feliz aniversario, Mariana. Exactamente hace dos años esta
noche te derrumbaste. ¿Qué mejor manera de celebrarlo que dejar que esos recuerdos
arruinen otra puesta de sol perfectamente buena, eh? Uf, toda la situación me hace sentir enferma. Como si no fuera bastante conque me destruyese, me ha estado persiguien-
do cada día desde entonces. Pero parecía tan bueno, ¡tan fiel al principio! Es cierto que
durante un tiempo estuvimos juntos, y luego separados, pero todos los chicos tienen temor
al compromiso, ¿no? Nunca olvidaré la noche en que finalmente me dijo que esa vez
estaba cien por cien seguro. Yo pensé que iba a salir flotando por la ventanilla del auto
hasta el firmamento estrellado. La vida fue estupenda después de eso durante un tiempo.
Realmente creí que después de 31 años de estar soltera, mi paciencia finalmente había
rendido frutos. Ilusa yo. ¿Cuándo aprenderé? Ahora no puedo sacar de mi mente el cuadro: mi cafetería favorita, Carlos, y mi supuesta amiga Susana agarrados de la mano en
la mesa, tan absortos el uno en el otro que ni siquiera me vieron. Pensé que iba a vomi-
tar. ¿Cómo pudo él engañarme con mi propia amiga? Ese tipo de cosas ocurre en las*

novelas trágicas y en las películas, ¡pero no en la vida real! Sin embargo, aquí estoy; soy otra víctima de la ingenuidad. Nunca seré capaz de perdonarlo. Quiero decir que pensé que lo había hecho, pero me sigue matando cada vez que pensaba en lo que él me hizo. Simplemente quiero que le ocurra lo mismo a él para que sepa cómo se siente ese tipo de tortura. ¿Es algo tan malo de pedir, Dios? Es lo menos que se merece por haber deforma-do para siempre la imagen que tengo de los hombres y haber destruido mi autoestima, ¿no es cierto?[1]

೨ৎ

La historia de Mariana es bastante común. Quizá usted haya tenido que tratar con ejemplos de rechazo y vergüenza. Esas heridas llegan a lo profundo del corazón y son muy difíciles de perdonar. El abuso, el olvido, la vergüenza y la infidelidad son heridas que surgen del pecado de otras personas, pero el perdón es una parte necesaria para el proceso de sanidad.

El perdón puede ser difícil porque es intangible, y por esa razón puede que tengamos dificultad para saber si hemos perdonado por completo a alguien.

1. ¿Con cuál de las siguientes frases se relaciona usted?

    ❏ *Pensé que había perdonado a esa persona, pero el dolor nunca se ha ido.*
    ❏ *¿Cómo puedo perdonar si no quiero volver a ver la cara de esa persona?*
    ❏ *Esa persona no merece el perdón; lo que hizo es tan impensable que ni siquiera quiero pensar en ello, y menos perdonar.*
    ❏ *No estoy preparada para perdonar; me sigue doliendo demasiado.*

2. ¿Hay alguien en su vida a quien usted no está segura de haber perdonado totalmente o a quien sienta que no puede perdonar? Por favor, explique su respuesta.

Nuestra alma no puede ser restaurada por completo hasta que soltemos la pesada carga del resentimiento y reemplacemos ese peso con el inimaginable-mente ligero yugo de la paz de Dios (ver Mateo 11:29). Puede que parezca imposible ahora, pero una vez comprendamos lo que es el perdón e igual que lo que *no* es, veremos que ese perdón ciertamente puede alcanzarse.

Aunque el perdón tiene beneficios para aquellos que nos han herido, el dar perdón es primordialmente para beneficio de nuestra relación con Dios y para restaurar nuestras propias emociones dañadas. Puede que no nos *sintamos* preparadas para perdonar, en especial, si nuestra herida es reciente; pero recuerde: no sanamos para luego perdonar; perdonamos para luego sanar.

Si todo en nuestro interior está gritando: ¡*Esa persona no merece nada, mucho menos mi perdón!*, piense en los *efectos negativos que la falta de perdón ha tenido en usted, y considere el perdón para su* propio beneficio. El perdón es un paso necesario, aun si nace de motivos egoístas en un principio. ¿Por qué? Porque hasta que perdonemos a quienes nos han herido, Satanás tiene lugar en nuestra mente, un lugar que se manifiesta en nuestras emociones.

3. Lea 2 Corintios 2:10-11. La palabra "artimañas" en este pasaje es la palabra griega "noema" (traducida como "mente" en otros versículos), que estudiamos en la sesión 2. ¿Cuál es otra manera en que Satanás puede atacar nuestras mentes?

¿Quién, por lo tanto, se beneficia del perdón? ¿Cómo?

Dios comprende las artimañas de Satanás mejor de lo que nosotras podamos, y Él nos ha dado el contraataque necesario en su Palabra. Como hemos visto en sesiones anteriores, los ataques de Satanás tienen como uno de sus mayores objetivos nuestra mente. Consecuentemente, los contraataques que Dios bosqueja para nosotras en la Escritura abordan en gran parte la protección de nuestra mente. Hemos visto ya varias maneras de proteger nuestra mente. Veamos ahora una manera que pertenece específicamente al perdón.

4. Mateo 18:21-35 describe una parábola sobre el perdón. ¿Por qué trataría Dios tan duramente a aquellos que se niegan a perdonar (v. 35)?

No podemos proteger nuestra mente si nos negamos a perdonar a otros. Este pasaje deja muy claro que seríamos unos necios si no perdonamos a quienes nos han herido porque a nosotros se nos ha perdonado mucho más de lo que sería considerado justo por la justicia. Recordar la gracia que Dios nos ha dado es una manera fundamental de guardar nuestra mente contra la falta de perdón.

5. ¿Qué enseñan los siguientes pasajes sobre el perdón?

Mateo 6:12-15

Marcos 11:25

Gálatas 5:14-15

Efesios 4:31-32

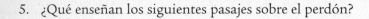

Si no queremos obedecer los mandamientos de Dios de perdonar a alguien que haya pecado contra nosotras, pondremos en peligro nuestra relación con Dios. En cualquier momento que alberguemos pecado en nuestros corazones, bloquearemos las líneas de comunicación entre nosotras y Dios. Solamente la admisión de nuestro pecado y la búsqueda de la obediencia rectificarán nuestra relación con Él.

¿Pero qué conlleva el perdón?

6. Según Romanos 12:19-21, cuando alguien nos hace daño ¿quién buscará justicia de nuestra parte? ¿Por qué no debiéramos buscar nuestra propia justicia?

¿Cómo ha experimentado usted esto en su propia vida?

La palabra griega *echthros*, traducida como "enemigo" en el versículo 20 significa "odiado, odioso o lleno de odio".[2]

7. ¿Qué nos dice esa definición sobre la naturaleza de aquellos a quienes debemos perdonar?

¿Significa necesariamente el perdón que su relación se restaurará con la otra persona? Explique su respuesta.

8. ¿De qué formas puede usted "dar de comer" o "dar de beber" a alguien que le haya herido?

En el versículo 20, la frase "ascuas de fuego amontonarás sobre su cabeza" se refiere a una antigua costumbre egipcia. Las personas que querían mostrar contrición públicamente caminaban por la ciudad, llevando una cacerola con ascuas calientes sobre sus cabezas, representando la vergüenza y la culpa que sentían por la ofensa que habían realizado.[3] Cuando escogemos mostrar bondad a quienes nos han herido —y puede que incluso nos odien—, ellos serán avergonzados por su animosidad contra nosotras. Y debido a que esa bondad no es la manera en que el mundo trata a un ofensor, sorprenderemos a quienes nos rodean y glorificaremos a Aquél que tanto nos ha perdonado.

En el versículo 21 se nos manda "no ser vencidas de lo malo, sino vencer con el bien el mal". El verbo griego para "vencer", *nikao*, explica cuánto peso lleva el perdón. *Nikao* significa "conquistar", y se usa 15 veces en el libro de Apocalipsis para describir a los cristianos que se han aferrado a su fe hasta la muerte y a Cristo, el conquistador definitivo. Comprender el significado de *nikao* da respuesta a las siguientes preguntas:

9. ¿Qué ocurre cuando nos negamos a perdonar a quienes nos han herido?

10. ¿Qué increíbles promesas ofrece Dios a aquellos que vencen según los siguientes versículos?

Apocalipsis 2:11

Apocalipsis 2:17

Apocalipsis 2:26

Apocalipsis 3:5

Apocalipsis 3:12

Perdonar no significa que renunciemos a nuestra esperanza de ver que se haga justicia; significa que renunciemos al derecho a ejecutar esa justicia nosotras mismas. No significa necesariamente que nuestra relación se restaurará. En algunos casos —como por muerte o distancia— la restauración es imposible. Sí significa que debiéramos hacer todo lo posible para reconciliar esa relación.[5] Perdonar también significa ser honestas sobre cualquier pecado que hayamos podido cometer en la relación —a pesar de lo grande o pequeño que sea en comparación— y pedir perdón por esas ofensas.

UNA ESPERANZA INQUEBRANTABLE ———

Hay otro aspecto del perdón que proporciona una increíble esperanza. El mayor y más común malentendido sobre el perdón es que debemos perdonar y olvidar. ¡La mente humana no funciona de esa manera! Olvidar puede ser un subproducto del perdón, pero simplemente intentar bloquear de nuestra mente las ofensas del pasado nunca es un medio de perdón.

Hay quienes podrían intentar perdonar a un ofensor, al hacer votos de no volver a recordar más la ofensa, y luego se sienten desanimadas y desilusionadas cuando dos años —o dos días— después sienten un resurgimiento de amargura y un deseo de que se haga justicia.

Su malentendido sigue este razonamiento: *Dios ha olvidado mis pecados, y yo debo olvidar los pecados que otros han cometido contra mí.* Pero existe un problema con tal razonamiento. Si Dios es omnisciente —que significa que Él conoce todas las cosas—, ¿puede Él *olvidar* por completo algo?

11. Lea los siguientes pasajes bíblicos y observe lo que cada uno de ellos dice sobre la omnisciencia de Dios.

    Salmo 139:1-4

    Isaías 40:13-14

    Hebreos 4:13

12. Según el Salmo 103:10-12, ¿qué ha hecho Dios en lugar de meramente olvidar nuestros pecados?

¿Cómo se relacionan Isaías 43:25 y Jeremías 31:34 con "olvidar nuestro pecado"?

¿Cuál podría ser la diferencia entre olvidar el pecado de otros y no recordarlo? ¿Qué le dice su respuesta sobre el tipo de perdón que debe usted dar a otros?

Como Dios conoce todo, Él ciertamente conoce los pecados que hemos cometido la semana pasada; sin embargo, Él ha escogido perdonarnos porque Jesús pagó el precio por nuestros pecados en la cruz. Él *escoge* no traer a la mente nuestros pecados.

Ya hemos visto un pasaje muy famoso acerca del perdón, Mateo 18:21-22, en el cual Pedro preguntó: "Señor, ¿cuántas veces perdonaré a mi hermano que peque contra mí? ¿Hasta siete?" (v. 21). Cuando Pedro hizo esta pregunta, pensaba que era generoso. Algunos rabinos de la época —al citar a Amós 1:3, 6, 9, 11, 13— enseñaban que como Dios perdonó a los enemigos de Israel solamente tres veces, perdonar a alguien más de esas tres veces era innecesario, e incluso presuntuoso.[6]

13. Según Mateo 18:22, ¿cómo respondió Jesús a la pregunta de Pedro?

Ya que la intención de Jesús obviamente no era la de contar cada vez que perdonamos a otra persona, ¿qué intentaba enseñarle a Pedro mediante su respuesta?

Como exploramos anteriormente, aun después de haber perdonado a alguien habrá veces en que querremos gritar: "¿No he tratado ya con esto?". El Espíritu Santo es lo suficientemente poderoso para quitar todo dolor y amargura de una vez para siempre y sanar nuestras almas heridas. Sin embargo, muchas veces Él escoge no hacerlo, y nuestra carne batalla contra la resurgencia de la amargura.

Cuando Jesús le dijo a Pedro que perdonara sin importar las veces que pecasen contra él, quizá pensaba en esas veces en que nuestra carne no quiere escucharnos, cuando revivimos esos sentimientos dolorosos día tras día —a veces hora tras hora— durante meses y, a veces, años. ¿Es posible que Él quisiera decir que debemos perdonar a alguien 70 veces 7 incluso *por la misma ofensa*?

14. ¿Ha batallado usted alguna vez con el resurgimiento de la amargura y/o el dolor debido a una ofensa que ya había perdonado? Explique su respuesta.

15. Lea el relato paralelo del pasaje de Mateo en Lucas 17:4-5. ¿Cuál fue la respuesta de los apóstoles al mandato de Jesús de perdonar numerosas veces?

Cuando usted sienta las familiares punzadas de dolor por una ofensa que ya ha decidido perdonar, clame al Señor: "¡Aumenta mi fe!". Recuerde: a medida que usted escoja la obediencia y piense en lo que es verdadero, sus emociones seguirán; quizá no en ese momento o incluso en ese año, pero *experimentará* una sanidad completa mediante el poder incomprensible de Dios.

VIDA DIARIA

Ahora ya debiera usted saber con bastante seguridad quién en su vida le ha causado el mayor dolor. Mientras tiene en mente a esas personas y completa

esta sección, piense también en aquellas personas que hayan cometido pequeñas ofensas contra usted.

Antes de responder a las preguntas siguientes, tome unos cuantos minutos para pedir al Señor que abra sus ojos y su corazón.

> *Querido Padre, tú me has perdonado tantas cosas que yo nunca podría*
> *pagarte. No quiero dar por sentada tu gracia como el siervo malvado en*
> *Mateo 18. Aumenta mi fe, para que pueda perdonar de corazón. Deseo*
> *glorificarte dando a otros solamente una parte de la gracia que tú me has*
> *dado a mí. Muéstrame cómo hacerlo, Señor. Amén.*

Responda las siguientes preguntas para cada persona a la que usted nece-
site perdonar. Utilice otra hoja de papel si es necesario.

Iniciales de la persona _____

¿Qué me impide perdonar de verdad a esta persona?

¿De qué palabras, actitudes o hechos debería disculparme?

¿Qué pasos podría dar hacia la reconciliación de la relación (si es posible)?

¿Qué oración puedo hacer por esta persona?

¿Cómo puedo mostrar bondad a esta persona?

Que la paz de Dios llene su corazón y restaure su alma conforme usted comience —o continúe— este proceso de rescate del naufragio que la falta de perdón y la amargura han provocado en su vida. Recuerde: puede que el viaje sea largo, pero usted no está sola.

Notas

1. Esta historia es un relato ficticio. Cualquier parecido con eventos o personas reales, vivas o muertas, es pura coincidencia.
2. "The New Testament Greek Lexicon", Crosswalk.com. http://bible.crosswalk.com/ Lexicons/Greek (tomado el 30 de noviembre de 2003).
3. John McArthur, *The McArthur Study Bible* (Nashville, TN: Word Publishing, 1997), p. 1718.
4. "The New Testament Greek Lexicon", Crosswalk.com. http://bible.crosswalk.com/ Lexicons/Greek (tomado el 30 de noviembre de 2003).
5. En algunos casos, puede que no sea seguro restaurar una relación. Puede que desee obtener consejería profesional para evaluar si tal restauración es prudente en su caso.
6. John McArthur, *The McArthur Study Bible* (Nashville, TN: Word Publishing, 1997), p. 1426.

RESTAURA MI CORAZÓN,
Jesús

DEJAR ATRÁS EL PASADO

*Cristo nos libertó para que vivamos en libertad.
Por lo tanto, manténganse firmes y no se sometan
nuevamente al yugo de esclavitud.*
GÁLATAS 5:1

Su pasado siempre va a ser como fue. Deje de intentar cambiarlo.
ANÓNIMO

MUJER EN LA VIDA COTIDIANA

"Se llama Julia, mamá. ¡Eres abuela!".

Carola agarró el pequeño bulto de brazos de su hija. *Es tan pequeña, tan perfecta*, pensó ella. Aunque Julia había nacido con un mes de antelación, sus rasgos eran perfectos. Cuando Carola tocó sus diminutas uñas y observó su cuerpecito estirarse con un largo bostezo, las lágrimas comenzaron a inundar sus ojos de abuela, pero las lágrimas de alegría se mezclaban con lágrimas de remordimiento, vergüenza y culpa. Veintisiete años no habían borrado los dolorosos recuerdos de su decisión de abortar a su propio bebé. *¿Cómo pudiste hacerlo, Carola? Esa vida no te correspondía a ti quitarla.* Besó la frente de Julia y la acercó más a su pecho.

Al cerrar los ojos, casi podía imaginarse lo que habría sentido al tener en brazos a ese pequeño bebé. En el año 1977, ella había tomado algunas malas decisiones. Su papá era ministro, y sabía que él perdería su empleo si alguien descubría que ella estaba embarazada. No podía soportar ver que su pecado causara tanto dolor a su familia. En aquel tiempo, sencillamente no parecía haber otra alternativa. Conforme pasaron los años, Carola logró enderezar su vida con el Señor, se casó con un hombre maravilloso y comenzó una familia; pero la vergüenza nunca se alejó mucho de su lado. Casi cada vez que veía a un niño pequeño, su pasado regresaba para acusarla de no ser nada más que una asesina que llevaba una máscara de espiritualidad. Ahora, al tener en brazos a su primera nieta, el dolor era nuevo. *Dios, ¿cómo pude haber hecho eso? Nunca puedo escapar del hecho de que le quité la vida a ese bebé. ¡Me perseguirá hasta la tumba!*

—Ella es algo más, ¿verdad?—preguntó el esposo de Carola. Carola sonrió, dándose cuenta, de repente, que los demás en la habitación no sabían la razón que se escondía tras sus lágrimas.

—¿Por qué no la agarras, querido?—dijo ella, entregándole el bebé a él. La habitación se le caía encima.

—Si me disculpan—dijo ella, y en silencio salió de la habitación del hospital.[1]

⁓

Como leímos en la sesión uno, nuestro propio pecado puede ser la causa de nuestro más profundo dolor. Cuando escogemos creer en todo lo que Jesús hizo por nosotras en la cruz, Él nos perdona *todo* lo que haya en nuestro pasado de una vez y para siempre. Sin embargo, Él no borra todos los recuerdos de nuestra vida anterior de nuestra memoria; Él hace algo aún mejor: nos libera de ser un producto de nuestro pasado, y nos ofrece nueva vida en Él. Sin embargo, debemos *escoger aceptar* esa restauración y dejar a un lado la vergüenza, la culpa y el dolor antes de poder disfrutar de nuestra nueva vida en Él.

1. ¿Cuáles son algunos resultados de la vergüenza del pecado personal en la cultura actual?

2. Describa cómo llegó usted a aceptar a Jesús y el perdón que Él ofrece.

¿Cómo ha cambiado su vida desde que aceptó la expiación de Él por su pecado?

No podemos arreglar o cambiar nuestro pasado, pero podemos verlo a la luz de quiénes somos ahora en Cristo. Descubramos lo que eso significa.

SABIDURÍA ETERNA

Blanca como la nieve

Antes de poder liberarnos del pasado, tenemos que comprender la naturaleza del sacrificio de Cristo. En el Antiguo Testamento, a los israelitas se les requería ofrecer sacrificios para expiar, o pagar, sus pecados. Cada vez que sufrían un desliz, y también en ocasiones especiales, ellos tenían que sacrificar a un animal porque "la ley exige que casi todo sea purificado con sangre, pues sin derramamiento de sangre no hay perdón" (Hebreos 9:22).

Cuando Jesús murió en la cruz, se convirtió en el sacrificio necesario para nuestros pecados de una vez y para siempre (ver Hebreos 9:24-28). Debido a su muerte y resurrección, ya no tenemos que realizar continuos sacrificios por nuestros pecados. Dios nos ve como ve a su Hijo: totalmente sin mancha.

3. ¿Qué dicen los siguientes versículos sobre el estado de su pecado?

Salmo 103:10-13

Isaías 1:18

Romanos 6:18, 22-23

1 Juan 1:9

¿Cómo deberían esas verdades afectar la manera en que se ve a usted misma?

Libre de su pasado

El aborto, el pecado sexual, el abuso corporal (drogas, mutilación, desórdenes alimenticios, etc.), la violencia o el abuso de los demás son pecados que posiblemente no seamos capaces de borrar del recuerdo; pero Dios nos libera de nuestro pasado de dos formas: mediante el perdón y la liberación de la atadura de ser un producto de nuestro pasado.

Ha habido mucho debate en años recientes sobre si somos o no simplemente productos de nuestro ambiente y nuestras experiencias. Hasta cierto punto, sin duda alguna nos vemos afectadas por esos elementos. Sin embargo, debido al sacrificio de Cristo y el poder transformador del Espíritu Santo que vive dentro de nosotras, ya no tenemos que ser esclavas de nuestro pasado.

El Dr. James Dobson ha dicho: "Decir que las condiciones adversas 'causan' el comportamiento irresponsable es quitar toda responsabilidad de los hombros del individuo... Debemos decidir lo que haremos con la duda interior o con la dificultad exterior".[2] Lo mismo es cierto de la vergüenza y la culpa que podríamos sentir debido a nuestro pecado pasado. O bien podemos decidir dejar que nos siga manteniendo atadas, o bien podemos escoger vernos nosotras mismas a la luz de quiénes somos en Cristo y aceptar la libertad que Él ofrece.

4. ¿Qué pecados de su pasado amenazan con mantenerla cautiva?

5. ¿Qué mentira le dice el enemigo en un esfuerzo por atraparla en una jaula de vergüenza y culpa?

6. ¿Qué esperanza para los pecadores se encuentra en 2 Corintios 3:17?

7. ¿Qué decidirá usted hacer con la duda interior o la dificultad exterior a las que se ha enfrentado o a las que se está enfrentando en la actualidad?

Preparadas para el crecimiento

Podemos permitir que la culpa y la vergüenza atrapen nuestros corazones, o podemos reemplazar esas debilitadoras emociones con la tristeza piadosa. Esta última puede ser un catalizador para un crecimiento tremendo en nuestro caminar con Dios. El apóstol Pablo comprendió esto. Es por eso que no lamentó enviar una carta a la iglesia en Corinto para poner al descubierto el pecado de ellos. Él sabía que sus palabras herirían, pero también sabía que ellos necesitaban escuchar su amonestación para poder crecer.

8 . Lea 2 Corintios 7:9-11. Según el versículo 10, ¿qué produce la tristeza del mundo?

¿Cuáles fueron los resultados de la tristeza piadosa de los corintios (v. 11)?

9. Utilizando un diccionario, explique las palabras y frases que describen lo que debería producir la tristeza piadosa (v. 11).

Sinceridad

Deseo de limpieza

Indignación

Alarma

Anhelo

Preocupación

Preparación para ver que se haga justicia

¿De qué maneras deberían manifestarse esas características en su propia vida?

En el versículo 11, Pablo escribió: "En todo han demostrado su inocencia en este asunto". La palabra griega para "inocencia", *hagnos*, significa "puro" o "limpio".[3] Él no les estaba diciendo a los creyentes corintios que eran inocentes de haber hecho lo malo, sino que habían demostrado lo genuino de su arrepentimiento por la pureza resultante. Ellos habían demostrado que estaban sinceramente arrepentidos viviendo de la forma en que debieran.

En lugar de emplear energías en la vergüenza y la tristeza, canalice esa energía hacia un fin más productivo: Permita que su resentimiento le empuje hacia la piedad. En lugar de quedarse en el pasado, permita que la tristeza piadosa produzca un celo en usted que le guardará de seguir cometiendo los mismos errores una y otra vez.

UNA ESPERANZA INQUEBRANTABLE

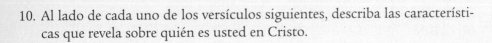

Comprender quién es usted en Cristo es el primer paso para abandonar el pasado. Una vez usted comprenda quién es usted *ahora*, podrá liberarse de quién fue usted *entonces*. Tome algún tiempo para descubrir su nueva identidad.

10. Al lado de cada uno de los versículos siguientes, describa las características que revela sobre quién es usted en Cristo.

    Juan 1:12

    Juan 15:15

    Romanos 8:1-2

    Romanos 8:37-39

    1 Corintios 3:16

    Efesios 1:3-8

    Efesios 2:10

    Filipenses 1:6

    Colosenses 1:13-14

Cuando Satanás le acuse del pecado pasado e intente atraparla en una jaula de vergüenza, traiga a su mente estas verdades. Dios le ha perdonado; no permita que el enemigo la seduzca. Confiese su pecado, y luego perdónese a usted misma tal como Dios la ha perdonado. ¿Recuerda la parábola del siervo que no perdonó en Mateo 18? Él se burló de la gracia de su amo negándose a perdonar a otro consiervo cuando a él se le había perdonado tanto. Debido a nuestra posición en Cristo, ¿cuánto más merecemos el castigo de aquel siervo cuando nos negamos a perdonarnos a nosotras mismas?

VIDA DIARIA

Hasta aquí, hemos visto el perdón de Dios, la libertad que tenemos de nuestro pasado, el crecimiento que produce la tristeza piadosa y quiénes somos en Cristo.

11. Basándose en lo que ha aprendido en esta sesión, ¿qué le diría a Carola (la "mujer en la vida cotidiana" de esta semana) si tuviera la oportunidad de tomar un café con ella?

12. ¿Qué consejo daría a alguien que esté lidiando con una situación similar a alguna que usted esté experimentando o haya experimentado en el pasado?

En el espacio que se proporciona, escriba una carta de Dios para usted, recordándole que abandone su pasado y acepte su posición en Él. Puede que quiera utilizar otra hoja de papel para poner la carta en algún lugar donde la vea regularmente.

Querida

Con amor,
Dios

Notas

1. Esta historia es un relato ficticio. Cualquier parecido con eventos o personas reales, vivas o muertas, es pura coincidencia.
2. Dr. James Dobson, *Dr. James Dobson´s Focus on the Family Bulletin*, vol. 16, no. 9 (Carol Stream, IL: Tyndale House Publishers, 2003), p. 2.
3. "The New Testament Greek Lexicon", Crosswalk.com. http://bible.crosswalk.com/ Lexicon/Greek (tomado en diciembre de 2003).

PREPARADAS PARA

Crecer

EL VALOR DE LA DISCIPLINA

*Toda rama que en mí no da fruto, la corta; pero toda rama que da fruto
la poda para que dé más fruto todavía.*
JUAN 15:2

*Dios no intenta perfeccionarme para que sea un espécimen en su sala de vitrinas;
Él me está llevando al lugar donde pueda usarme.
Que haga lo que le plazca.*
OSWALD CHAMBERS, MY UTMOST FOR HIS HIGHEST

MUJER EN LA VIDA COTIDIANA

El santuario estaba abarrotado de muchachas de secundaria, pero Carla no
estaba nerviosa. Era una charla que había dado muchas veces en años anteriores, y las palabras ahora surgían con fluidez: "Chicas, hay solamente un lugar
donde van a encontrar la aceptación y el amor que anhelan en lo más profundo de ustedes. Confíen en mí; yo lo sé. Pasé años de mi vida entregando mi
corazón a cualquier muchacho que mostrase interés en mí. Quería con tanto
desespero a alguien que me quisiera, que me encontrase bella y que viese mi
verdadera personalidad —el yo que hay detrás del cuerpo— que me hallé
haciendo cosas que juré que no haría nunca. Como resultado, mi relación con
Dios sufrió; y yo me encontraba más vacía que antes, atrapada en un círculo
vicioso de pecado, vergüenza y rechazo".

A medida que Carla relataba su dolorosa historia, podía ver en los rostros
de muchas de las chicas que ellas también habían intercambiado su pureza
emocional y física por un arreglo temporal de aceptación.

"Chicas, aprendan de mí que no van a encontrar lo que están buscando en personas del sexo contrario. Es cierto que serán capaces de ocultar sus inseguridades por un tiempo detrás de la última vez en que pierdan la cabeza por alguien, pero al final solamente hay una Persona que pueda restaurar su corazón. Que su corazón se rompa es una consecuencia natural de intentar buscar amor y aceptación en los lugares equivocados. Aprendan su lección la primera vez, y luego aférrense a su verdadero amante: Jesucristo".

En ese punto les rogaba. Carla sabía lo peligroso que puede llegar a ser un corazón obstinado. Ella necesitó años para reconocer que su corazón roto era la forma que Dios tenía de disciplinarla, su manera de enseñarle que sólo Él podía satisfacer sus más profundos anhelos de aceptación.

"¡No sean obstinadas, chicas! Acepten la disciplina del Señor ahora; eso es prueba de que Él las ama mucho más de lo que puedan imaginarse.[1]

◆◆◆

Carla comprendió el valor de la disciplina del Señor, pero como muchas de nosotras, le llevó años llegar a ese punto. ¿Por qué somos criaturas tan obstinadas? Al igual que los niños de dos años, parece que no podemos confiar en que nuestro Papá tiene más conocimiento, y constantemente intentamos agarrar todas las cosas prohibidas que vemos. Nos centramos tanto en el dolor de la paliza que necesitamos años para comprender la razón de la paliza.

1. ¿Cuál es una lección que tuvo usted que aprender por las malas?

¿Cómo le ha ayudado a fortalecer su fe?

Aunque parezca ser una contradicción, la dolorosa disciplina de Dios va de la mano con la restauración de su corazón y su alma muchas veces. Examinemos la disciplina del Señor: cómo es, por qué Dios lo hace y lo que debiera producir en nosotras.

Tipos de disciplina

Hay dos tipos de disciplina en los que nos centraremos: la disciplina derivada de las consecuencias naturales de nuestro propio pecado y las pruebas o aflicciones causadas por el pecado de otros. (**Nota**: un tercer tipo de disciplina se produce por el efecto que el pecado humano ha tenido en el mundo natural, como inundaciones, tormentas destructivas, incendios, etc. No nos centraremos en esas situaciones en esta discusión.) Veamos más de cerca cada una de ellas.

2. Enumere varias consecuencias naturales del pecado personal (como enfermedades de transmisión sexual, problemas con la ley o relaciones rotas).

Dios puede utilizar las consecuencias naturales de nuestro pecado para ayudarnos a crecer. La disciplina es cualquier "entrenamiento que corrige, moldea o perfecciona las facultades mentales o el carácter moral".[2] Dios también disciplina a los cristianos a su propia manera particular cuando pecan.

3. Enumere varias maneras en que Dios disciplina concretamente a los cristianos, debido a nuestro propio pecado (como mediante la convicción, los sentimientos de culpa o vergüenza).

Cada uno de esos dolorosos resultados de nuestro pecado conducirá al crecimiento si nosotras lo permitimos. En la sesión seis, vimos uno de los resultados de la disciplina: una tristeza piadosa que conduce al arrepentimiento y finalmente a la pureza. Pero ¿y las pruebas y las aflicciones que soportamos por manos de otras personas? ¿Las utiliza Dios también?

4. Según el Salmo 119:67-71, ¿quién causó la aflicción de David?

¿Cuál fue el resultado de la aflicción que David soportó?

5. Enumere varias formas en que Dios nos disciplina por medio del pecado de los demás (como mediante la persecución y el rechazo).

Razones para la disciplina

Como cristianas, estamos lejos de ser perfectas y necesitamos disciplina y formación, al igual que nuestros hijos necesitan esas cosas de nosotras. Dios utiliza las pruebas y los sufrimientos de nuestra vida para educarnos y equiparnos. ¡Ellas son evidencias del gran amor de Dios por nosotras!

6. Lea Hebreos 12:1-11. Según el versículo 6, ¿a quién disciplina el Señor?

¿De qué es evidencia la disciplina (vv. 7-8)?

¿Cuáles son las diferencias entre la disciplina de su padre terrenal y la disciplina del Padre de su espíritu (v. 9-10)?

Según el versículo 10, ¿por qué le disciplina Dios?

¿A quién debe usted considerar cuando se sienta cargada y desanimada bajo el peso de la disciplina de Dios (v. 3)?

Los hebreos eran perseguidos, pero ninguno de ellos había sido agotado o perseguido hasta el punto de derramar sangre o sufrir martirio como le ocurrió a Cristo (v. 4). Sus presiones, pruebas y persecución no eran nada comparadas con lo que Cristo soportó cuando estaba en esta tierra.

7. ¿Cómo compararía la disciplina que usted ha soportado en su vida con el sufrimiento que Cristo soportó (1: muy similar; 10: muy diferente)?

1   2   3   4   5   6   7   8   9   10

Resultados de la disciplina

8. Según Hebreos 12:11, ¿qué produce la disciplina paternal de Dios?

"Lo que soportan es para su disciplina" (v. 7) hace hincapié en que Dios puede usar *cualquier* experiencia difícil para nuestro beneficio, sea por mano de otra persona o como resultado de nuestro propio pecado. De cualquier manera, los resultados son los mismos. La disciplina de Dios produce "una cosecha de justicia" (v. 11).

9. Parafrasee Juan 15:2 en el espacio siguiente.

La palabra griega *kathairo*, traducida "podar" en este versículo, también significa "limpiar".[3]

10. Basándose en lo que hemos aprendido hasta aquí sobre la disciplina, ¿cómo se relaciona con la limpieza?

El resultado de la poda, o limpieza, de Dios es un fruto abundante: el fruto del Espíritu (ver Gálatas 5:22-23), el fruto de justicia (ver Filipenses 1:11) y el fruto de la luz (ver Efesios 5:8-10).

11. ¿Cuál es el fruto del Espíritu tal como se enumera en Gálatas 5:22-23?

12. Según Filipenses 1:11, ¿cuál es el resultado del fruto de justicia?

13. En Efesios 5:8-10, ¿qué compone el fruto de la luz?

Estos frutos son el resultado de la disciplina de Dios. Al permitirle a Él que produzca tales frutos en nosotras, permanecemos en Él; pero si nos negamos a aprender de su disciplina, seremos cortadas de la vid, que es Jesús (ver Mateo 3:10; 7:19; Juan 15:2). No podemos llevar fruto por nosotras mismas; debemos permanecer en la vid (ver Juan 15:4). Para permanecer en la vid (Jesús), debemos estar dispuestas a ser podadas y cuidadas por el viñador (Dios el Padre).

UNA ESPERANZA INQUEBRANTABLE ————

Quizá se haya sentido usted como la madre Teresa, que dijo: "Sé que Dios no me dará nada que yo no pueda manejar. Sólo deseo que Él no me confíe tanto".[4] A veces, parece que Dios nos empuja hasta el límite, hasta el final de nuestra cuerda; pero a menos que seamos empujadas hasta el límite, nunca sabremos lo mucho que podemos crecer.

Un atleta se entrena con este principio en mente. Los músculos humanos están formados por miles de fibras. Para que esas fibras crezcan, deben ser llevadas hasta el límite. De hecho, deben romperse literalmente (por eso siente tanto dolor cuando fuerza los límites de su cuerpo). Cuando los músculos se curan, se hacen más fuertes. Su cuerpo rellena las fibras existentes con más microfibras, aumentando así la masa muscular.[5]

14. Si nunca ejercitara usted sus músculos, ¿qué les ocurriría?

Si nunca experimenta la disciplina de Dios, ¿qué le ocurriría a sus músculos espirituales?

Dios nos conoce mejor de lo que nosotras mismas nos conocemos, y Él promete nunca darnos más de lo que podamos soportar (ver 1 Corintios 10:13). Él también promete que nunca nos abandonará (ver Mateo 28:20); por el contrario, Dios se acerca más a nosotras cuando reconocemos que más le necesitamos: en medio de las pruebas. La mano de Dios nunca está más cerca que cuando está cuidando a las ramas.

VIDA DIARIA

15. ¿De qué maneras ha sentido usted la cercanía de la mano de Dios en medio de la disciplina?

16. ¿De qué maneras le ha disciplinado Dios a usted en el pasado?

¿Mediante su propio pecado?

¿Mediante el pecado de otros?

17. ¿Ve usted algún patrón en la disciplina de Dios (como enseñarle la misma lección varias veces)? Si es así, enumere esas áreas.

¿De qué maneras resiste usted la disciplina de Dios en esas áreas?

Es importante reconocer conscientemente las lecciones que hayamos aprendido de la disciplina de Dios para que podamos aprender nuestras lecciones la primera vez. Escribir un diario de oración es una forma de tener registros para reflexionar más tarde en las lecciones que usted haya aprendido y para recordarse a sí misma no volver a pasar por ese camino. También sirve como recordatorio constante para dar gracias a Dios por el crecimiento que su disciplina ha producido en su vida.

En el espacio que se proporciona para su diario de oración, pase algún tiempo para agradecerle a Dios por la disciplina que usted anotó en la pregunta 17.

Dígale exactamente lo que usted aprendió de esas experiencias, y déle gracias por utilizar los frutos que produjeron, o que producirán, para gloria de Él. Si reconoce áreas en su vida donde resiste la disciplina del Señor, arrepiéntase ahora y pídale a Dios que cambie su corazón.

Querido Señor:

Amén.

Notas
1. Esta historia es un relato ficticio. Cualquier parecido con eventos o personas reales, vivas o muertas, es pura coincidencia.
2. *Merriam-Webster´s Collegiate Dictionary*, 11th ed., bajo "discipline".
3. "The New Testament Greek Lexicon", Crosswalk.com. http://bible.crosswalk.com/ Lexicons/Greek (tomado el 8 de diciembre de 2003).
4. Madre Teresa, citada en "Famous Quotes", *Brainy Quote*. http://www.brainyquote.com/quotes/quotes/m/mothertere101983.html (tomado el 14 de noviembre de 2003).
5. Josh Landau, "Olympic Gold: The Ukraine Experience", *University of North Carolina School of Medicine*, 30 de agosto de 2001. http://www.med.unc.edu/medal/olympicgold/training.htm (tomado el 8 de diciembre de 2003).

UNA RAZÓN PARA
danzar

EL CARÁCTER DE UN CORAZÓN SANADO

Convertiste mi lamento en danza; me quitaste la ropa de luto y me vestiste de fiesta,
para que te cante y te glorifique, y no me quede callado.
¡Señor mi Dios, siempre te daré gracias!
SALMO 30:11-12

MUJER EN LA VIDA COTIDIANA

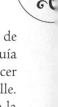

La respiración de Reina formaba oleadas de húmeda neblina en el frío aire de la mañana. Aunque era a finales de mayo, el parque nacional Yosemite seguía frío, especialmente temprano en la mañana. Los primeros rayos del amanecer cubrían los picos de dorada calidez, y se derretían lentamente hacia el valle. Reina había decidido respirar algo de aire fresco antes de que el resto de la familia se levantase. Cada mes de mayo, ella y su esposo llevaban a los niños al parque Yosemite para pasar unas vacaciones familiares, pero ella nunca había disfrutado mucho de ello; tenía problemas para disfrutar de algo. Pero aquel año era distinto. Cuando pasó al lado de las cataratas de Yosemite, ya no pudo contener su gozo por más tiempo. *Señor, ¡esto es hermoso! ¡No puedo creer que en los 11 años que hemos venido aquí, nunca haya observado la claridad con que te has mostrado a ti mismo en todo este lugar!*

Últimamente, Reina había estado notando también muchas cosas más. La esperanza y el gozo que experimentaba a diario la dejaban perpleja. Por primera vez en años, ella se sentía verdaderamente libre del dolor que la había consumido la mayor parte de su vida. Sus ojos vislumbraron un grupo de varas entremezcladas con espuelas de caballero y margaritas blancas al lado del sendero. Ella se acercó. *¡Así soy yo, Señor! Después de un largo y duro invierno, tu calidez me ha sacado de la fría y familiar tierra y me ha hecho florecer con colores espléndidos. Al igual que estas flores, oro para que todos los que pasen por mi lado y observen el milagro que tú has hecho en mi vida te glorifiquen a ti, sabiendo que ellos también pueden experimentar el gozo de un nuevo comienzo.*[1]

La profundidad de la experiencia está gobernada por los contrastes. Quienes han conocido el hambre comprenden la delicia de un estómago lleno. Quienes viven en Washington se sienten casi mareados de tan sólo alcanzar vez el sol. Los residentes en Montana saborean cada momento de unas vacaciones de invierno en Florida. De la misma manera, quienes han sido liberadas de muchas cosas sienten la libertad en un grado que otras no pueden siquiera imaginar. Para quienes han estado quebrantadas, un alma restaurada es una razón para danzar por la calle. Somos capaces de regocijarnos de formas en que otras personas que nunca han sentido dolor ni siquiera pueden comenzar a comprender.

1.   Enumere algunas de las evidencias de que usted haya visto la presencia de Dios en su vida.

SABIDURÍA ETERNA

En este punto, puede que se sienta o no completamente restaurada, y eso está bien. La sanidad es un proceso, y algunas personas necesitan más tiempo que otras, en especial cuando las heridas son profundas. Al seguir aplicando los principios que hemos estudiado, Dios fielmente completará la obra que Él ha comenzado en su corazón (ver Filipenses 1:6).

Aun si usted se siente completamente restaurada, puede que haya períodos en su vida más adelante en que volverá a visitar algunos de los lugares dolorosos que haya vencido durante este estudio. No tenga temor a esos momentos. Simplemente comience por el principio. Lleve todo pensamiento cautivo, esté atenta a las artimañas de Satanás, vuelva a perdonar si es necesario y considere esos momentos como otra de las formas en que el Señor ha escogido podarla para hacer que sea más fuerte, para permitir que su corazón lleve más fruto.

Con todo eso dicho, veamos algunas características de un alma restaurada y un corazón sanado.

Esperanza

En el Nuevo Testamento, la palabra traducida como "esperanza" es *elpis*, que significa "expectación de lo bueno". El verbo *elpo* significa "anticipar, normalmente con placer". En un sentido cristiano, "elpis" significa "expectación gozosa y confiada de la salvación eterna".[2] Desde luego, a todo cristiano —ya esté emocionalmente quebrantado o no— se le asegura una eternidad con Dios. Pero la *esperanza* de salvación, la anticipación de ella, pertenece solamente a aquellos cuyo enfoque no está en su propio dolor, sino en Cristo. ¡La anticipación del cielo debería llenar su corazón de alegría!

2. Lea 1 Pedro 1:3-7. Según el versículo 3, ¿qué nos ha dado Dios por medio de la resurrección de Jesús?

Aunque "hasta ahora han tenido que sufrir diversas pruebas por un tiempo" (v. 6), ¿en qué debería usted "tener motivo de gran alegría"?

Ya hemos visto la definición de *elpis* en el versículo 3. Veamos ahora ese término traducido como "viva" en el versículo 3. La palabra griega *zao* cuando se utiliza como adjetivo significa "activo, poderoso y eficaz".[3]

3. ¿Cómo podría la esperanza de pasar la eternidad con Dios ser activa, poderosa y eficaz en su propia vida?

4. ¿Qué aspecto de nuestra esperanza se describe en 1 Pedro 1:4?

5. Según el versículo 5, ¿qué esperanza tenemos mientras estamos en la tierra?

6. Considere los versículos 6 y 7. ¿A qué pruebas concretas se ha enfrentado usted, y cuál fue el propósito final del sufrimiento que soportó?

Libertad

Otra característica de un corazón sanado es la libertad: libertad de las 10 principales trampas emocionales de las que hablamos en la sesión 4, libertad de las mentiras de Satanás y libertad del círculo de la atadura.

7. Según Lucas 4:18-19, ¿qué vino Jesús a hacer?

8. Una vez que ha recibido a Cristo como su Salvador, el Espíritu Santo mora en su interior. Según 2 Corintios 3:17, ¿qué trae su presencia junto con su morada?

9. Según Gálatas 5:1, la libertad que Cristo da es absoluta. ¿Quién es el único que puede volver a poner sobre usted el yugo de la esclavitud?

Gozo

Un corazón sanado llena el cuerpo de vida. Aunque puede que las circunstancias no cambien, una vez que su corazón es renovado, puede usted cantar junto con David: "Has cambiado mi lamento en baile... y me ceñiste de alegría" (Salmo 30:11, RV-60).

10. Lea el Salmo 30 y elija un versículo que en particular le toque o aplique a usted. Escriba ese versículo.

11. En los versículos 8 al 10, ¿cómo dio David a entender que Dios saldría beneficiado de salvarlo?

12. Según el versículo 12, ¿de qué manera la misericordia de Dios sobre David finalmente le glorificó a Él?

¿De qué maneras será Dios glorificado por medio de su misericordia hacia usted?

La presencia de gozo en su vida es evidencia de que sus pensamientos están en línea con la verdad de Dios. Simplemente pensar en la esperanza que usted tiene en Cristo debería ser suficiente para hacer que sus pies comenzaran a danzar, sin mencionar la libertad que Él le ha dado de las mentiras de Satanás y de su propio pecado. Aunque nunca fue la intención de Dios que las circunstancias en su vida fueran tan perfectas como en un cuento de hadas, Él sí que quiere que usted encuentre gozo, libertad y esperanza en Él.

UNA ESPERANZA INQUEBRANTABLE

En la sesión uno, aprendimos que la raíz de todo dolor que sentimos en la vida es el pecado de alguien: el nuestro o de otra persona. Debido al pecado de Adán y Eva, la creación está maldita, la raza humana está maldita e incluso como cristianas batallamos con nuestra carne inherentemente pecaminosa. Pero en el cielo —la fuente de la esperanza de la que acabamos de hablar— esa maldición será quitada.

13. Ya que no habrá maldición del pecado en el cielo, ¿qué quiere decir eso acerca de la presencia del dolor aquí en la tierra?

14. Según Apocalipsis 21:3-5, ¿cuál es el "viejo orden" que pasará (v. 4)?

Por necesidad, ¿qué cosas pasarán con el viejo orden?

Este pasaje es increíble. Podríamos leerlo 30 veces y cada vez agarraríamos otra idea de la minúscula realidad del cielo. Antes de continuar con la siguiente parte, tome unos minutos para disfrutar de la esperanza que tiene de una eternidad *sin pecado*. Permita que se convierta en algo real para usted.

VIDA DIARIA

Una de las muchas cosas increíbles acerca del Cuerpo de Cristo es la manera en que nuestras experiencias pueden beneficiar a los demás. Proverbios 27:17 dice: "El hierro se afila con el hierro, y el hombre en el trato con el hombre". Ya sea que haya completado o no el proceso de sanidad, comience a compartir con otras personas lo que Dios ha hecho en su vida. Permita que otros miembros de su familia espiritual se beneficien de sus experiencias. Quizá ellos hayan batallado o estén actualmente batallando con circunstancias similares, sin considerar si los demás pueden identificarse o no con las circunstancias suyas. Ellos pueden glorificar a Dios por todo lo que Él está haciendo en su vida.

¡No permita que su testimonio se detenga con otros creyentes! Incluso, si ellos piensan al principio que usted está loca, comparta su experiencia de la restauración de su alma con amigas no creyentes, en especial con aquellas que la hayan conocido desde antes que comenzara el proceso de sanidad. Usted es una testigo viviente del poder de Dios para cambiar corazones. ¡Permita que Él la use!

Probablemente, al principio usted no comprenderá el espectro completo de lo que Dios ha hecho, y eso está bien. Puede que las palabras le salgan a trompicones, puede que sienta vergüenza o puede que no tenga idea de lo que va a decir. Todo eso también está bien. Si no se siente cómoda hablando a otras personas sobre ello en un principio, comience escribiéndolo. Si escribe usted un diario, puede actuar como el lugar donde encuentre usted maneras de articular lo inexpresable.

Oswald Chambers lo expresó de este modo:

> Esfuércese por expresar alguna verdad de Dios ante usted mismo, y Dios usará esa expresión para otra persona... Pase por el lagar de Dios donde las uvas son aplastadas. Debe usted luchar por lograr una expresión por experiencia. Después llegará un momento en que esa expresión se convertirá en el vino mismo de la fortaleza para otra persona... Intente decirse a usted mismo lo que siente implícitamente que es la verdad de Dios, y le dará usted a Dios una oportunidad de transmitirla a otra persona por medio de usted.[4]

Ya sea mediante el papel o mediante las palabras, cuando comparta lo que Dios ha hecho en su vida, el proceso por el cual Él la ha llevado se aclarará, y usted comenzará a ver aspectos de su viaje que no había observado con anterioridad. Al final, otras personas se beneficiarán de su crecimiento.

Tome algún tiempo para documentar su viaje y utilice la siguiente página, un diario aparte o hable con alguna amiga o ser querido. Tome el tiempo suficiente para contemplar los pasos que usted ha dado hacia la sanidad. Hable con Dios a medida que va recapitulando su viaje, agradézcale por sanar su corazón y regocíjese de que "en nada se comparan los sufrimientos actuales con la gloria que habrá de revelarse en [usted]" (Romanos 8:18). Luego permita que Él use sus experiencias para su gloria.

Notas
1. Esta historia es un relato ficticio. Cualquier parecido con eventos o personas reales, vivas o muertas, es pura coincidencia.
2. "The New Testament Greek Lexicon", Crosswalk.com. http://bible.crosswalk,com/ Lexicons/Greek (tomado el 15 de diciembre de 2003).
3. Ibid.
4. Oswald Chambers, *My Utmost for His Highest* [En pos de lo supremo] (Grand Rapids, MI: Discovery House Publishers, 1963), p. 350.

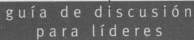

Sanidad DEL CORAZÓN

Pautas generales

1. Su papel como facilitadora es lograr que las mujeres hablen y dialoguen sobre áreas en sus vidas que sean obstáculos en su crecimiento espiritual y su identidad personal.

2. Esté atenta al tiempo. Hay cuatro secciones en cada estudio. No pase demasiado tiempo en una sección a menos que sea obvio que Dios está obrando en la vida de las personas en un momento en particular.

3. Haga hincapié en que la reunión del grupo es un tiempo de animarse y compartir las unas con las otras. Realce la importancia de la confidencialidad: lo que se comparta quedará dentro del grupo.

4. El tiempo de compañerismo es muy importante a la hora de construir relaciones en un grupo. Proporcione refrescos y aperitivos ligeros ya sea antes o después de cada sesión, pues eso fomentará un tiempo informal de compañerismo.

5. Anime a las mujeres a que escriban un diario, pues eso las ayuda a aplicar lo que aprendan y las mantiene enfocadas durante su tiempo de devoción personal.

6. La mayoría de las mujeres lleva una vida muy ocupada; respete a los miembros del grupo al comenzar y terminar las reuniones con puntualidad.

7. Siempre comience y termine las reuniones con oración. Si su grupo es pequeño, haga que todo el grupo ore a la misma vez. Si tiene más de 10 miembros, forme grupos de 2 a 4 mujeres para compartir y orar las unas por las otras.

   Una sugerencia es asignar compañeras de oración cada semana. Anime a cada miembro del grupo a completar una hoja de peticiones de oración conforme lleguen. Los miembros pueden seleccionar una petición de oración antes de irse de la reunión y orar por esa persona durante la semana. O dos mujeres pueden intercambiar peticiones de oración, y orar después la una por la otra al final de la reunión y durante la semana. Anímelas a llamar a su compañera de oración al menos una vez en la semana.

8. Otra actividad muy valiosa es animar a las mujeres a que memoricen el versículo clave cada semana.

9. Prepárese. Ore por sus preparativos y los miembros del grupo durante la semana. No permita que una sola persona domine el diálogo. Pídale a Dios que le ayude a hacer hablar a las que están calladas sin ponerlas en evidencia.

10. Solicite la ayuda de otros miembros del grupo para proporcionar refrescos, saludar a las mujeres, dirigir un grupo de discusión, llamar a las que no asisten para animarlas, etc. Cualquier cosa que pueda hacer para involucrarlas ayudará a que vuelvan cada semana.

11. Pase tiempo en cada reunión adorando a Dios. Eso puede hacerse o al comienzo o al final de la reunión.

Cómo utilizar el material

Sugerencias para el estudio en grupo

Hay muchas maneras en que puede utilizarse este estudio en una situación de grupo. La forma más común es el formato de estudios bíblicos en grupos pequeños. Sin embargo, también puede utilizarse en una clase de escuela dominical para mujeres. Sea cual sea la forma en que escoja utilizarlo, estas son algunas pautas generales a seguir para el estudio en grupo:

· Mantener el grupo pequeño, con 8 hasta 12 participantes, probablemente sea el máximo para un ministerio eficaz, edificar relaciones y el diálogo. Si tiene usted un grupo más grande, forme grupos pequeños para el tiempo de diálogo, al seleccionar una facilitadora para cada grupo.

· Pídales a las mujeres que se comprometan a asistir con regularidad durante las ocho semanas del estudio. La asistencia regular es clave para edificar relaciones y confianza en un grupo.

· Cualquier cosa que se discuta en las reuniones del grupo debe mantenerse en la más estricta confidencialidad solamente entre los miembros del grupo.

Sugerencias para relaciones de consejería

Este estudio también se presta al uso en relaciones en las cuales una mujer es consejera de otra. La Escritura amonesta a las mujeres en particular a enseñar a otras mujeres (ver Tito 2:3-5).

· Una relación de consejería podría organizarse mediante un sistema establecido por una iglesia o ministerio de mujeres.

· Una manera menos formal de comenzar una relación de consejería es que una mujer más joven o una nueva creyente tome la iniciativa y se acerque a una mujer mayor o más madura espiritualmente que sea ejemplo una vida semejante a la de Cristo y le pida que se reúna con ella regularmente. O al contrario, podría ser una mujer más madura quien se acerque a otra mujer más joven o una nueva creyente para comenzar una relación de consejería.

- Cuando a alguien se le pide que sea consejera, ésta podría echarse atrás, pensando que nunca podría hacerlo porque su propio caminar con el Señor es menos que perfecto. Pero al igual que se nos manda a discipular a los nuevos creyentes, debemos aprender a discipular a otros para fortalecer su caminar. El Señor ha prometido "estar con nosotros siempre" (Mateo 28:20).
- Cuando acuerde ser consejera de otra mujer, prepárese para aprender tanto o más que la mujer de la que será consejera. Ambas serán bendecidas por la relación de consejería edificada en la relación que ustedes tienen en el Señor.

Se proporcionan ayudas adicionales para las relaciones de consejería o para dirigir grupos pequeños en la *Guía para el ministerio de mujeres de Enfoque a la Familia*.

SESIÓN UNO
LA RAÍZ DE TODO DOLOR:
Los efectos del pecado

Antes de la reunión

Los siguientes preparativos deberían realizarse antes de cada reunión:
1. Reunir materiales para realizar etiquetas de identificación (si las mujeres no se conocen o si usted no conoce los nombres de todas). También tenga bolígrafos o lápices extras y Biblias para prestar a cualquiera que pueda necesitarlos.
2. Hacer fotocopias de la hoja de peticiones de oración (disponible en la *Guía para el ministerio de mujeres de Enfoque a la Familia*) o proporcionar tarjetas para anotar las peticiones.
3. Leer sus propias respuestas, y marcar las preguntas que usted quiera en especial que el grupo discuta.

Como preparativos concretos para *esta* reunión:
4. Reunir periódicos y revistas, tijeras, papel y pegamento o cinta adhesiva transparente para la actividad para romper el hielo.

Actividades para romper el hielo

1. Distribuya hojas de peticiones de oración o tarjetas, y pida a cada mujer que escriba al menos su nombre, aun cuando ella no tenga una petición

de oración concreta. De esta manera, alguien puede orar por ella durante la siguiente semana. Esto puede hacerse cada semana. Simplemente porque no tengamos una petición de oración concreta no significa que no necesitemos oración.

2. Preséntese usted misma, y comparta algo único sobre usted misma. Haga que cada mujer del grupo haga lo mismo.

3. En pedazos de cartulinas, haga que el grupo realice un collage con titulares de artículos de periódicos y revistas que tengan que ver con los efectos del pecado —asesinatos, abuso, robo, divorcio, adulterio, muerte, entre otras— en el mundo. Esto se utilizará después durante la reunión.

Discusión

1. *Mujer en la vida cotidiana* – Discutan lo que debió de haber sido para Eva el haber conocido una vida sin pecado y una vida agitada por los efectos de su propio pecado. Invite a que varias voluntarias compartan sus respuestas a las preguntas 1 a 3, al ser sensible a quienes probablemente no se sientan lo bastante cómodas para compartir.

2. *Sabiduría eterna* – Discuta las preguntas 4 a la 8, utilizando discreción con respecto a las preguntas personales, como la 9 y 10.

   Utilizando los collage que realizaron anteriormente, pongan en categorías cada uno (o unos cuantos, dependiendo del tiempo) de los titulares de los artículos bajo uno de los tres aspectos de la maldición: la maldición de la creación, la maldición de la raza humana o la maldición de la vieja naturaleza. Resuma o explique cada aspecto de la maldición si es necesario.

3. *Una esperanza inquebrantable* – Discutan las preguntas 11 a la 14 como grupo. Que alguien lea el Salmo 73:18-28 y después discutan la pregunta 15.

4. *Vida diaria* – Divida a las mujeres en grupos de tres o cuatro personas. Anime a cada mujer a compartir con su grupo las heridas que anotó en esta sección y cómo esas heridas la afectan en la actualidad. Sea sensible con quienes posiblemente sean vulnerables en una etapa tan temprana del estudio, pero anímelas a ser lo más abiertas posible.

5. *Terminar con oración* – Una parte importante de cualquier relación de grupo es el tiempo que se pasa en oración mutuamente. Puede hacerse de varias maneras. Estas son dos sugerencias:

   a. Haga que cada mujer escriba peticiones concretas de oración en la hoja de peticiones de oración o en tarjetas. Esas peticiones luego pueden ser compartidas con todo el grupo o intercambiadas con otra mujer como compañera de oración para la semana. Si las peticiones se comparten con todo el grupo, oren como grupo antes de finalizar la reunión. Si las peticiones se intercambian, dé tiempo para que las compañeras de oración oren juntas.

   b. Vuelva a reunir a todo el grupo y dirija en oración.

6. *Fomentar la memorización de la Escritura* – Una forma muy eficaz de sanar el corazón es memorizar la Palabra de Dios. Anime a las mujeres a que memoricen el versículo clave de la semana o un versículo de la lección que fuese especialmente útil para ellas. Proporcione una oportunidad en cada reunión para que las mujeres reciten de memoria los versículos. La *Guía para el ministerio de mujeres de Enfoque a la Familia* contiene información adicional sobre fomentar la memorización de la Escritura.

Después de la reunión

1. *Evaluar* – Pase tiempo evaluando la eficacia de la reunión (consulte la sección de hojas para fotocopiar de la *Guía para el ministerio de mujeres de Enfoque a la Familia*).
2. *Fomentar* – Durante la semana, intente ponerse en contacto con cada mujer (mediante llamadas telefónicas, notas de ánimo, mensajes instantáneos o de correo electrónico) para invitarlas al estudio. Póngase a disposición de ellas para contestar cualquier pregunta o preocupación que las mujeres puedan tener, y llegue a conocerlas en general. Si tiene un grupo grande, obtenga la ayuda de otras mujeres en el grupo para ponerse en contacto con las demás.
3. *Equipar* – Complete el estudio bíblico.
4. *Orar* – Prepárese en oración para la siguiente reunión, orando por cada mujer y por su propia preparación. Dialogue con el Señor sobre cualquier aprensión, emoción o cualquier otra cosa que esté en su mente con respecto al material del estudio bíblico o los miembros del grupo. Si se siente inadecuada o poco preparada, pida fortaleza y perspectiva. Si se siente cansada o cargada, pida el yugo ligero de Dios. Cualquiera que sea su necesidad, pídale a Dios por eso. ¡Él proveerá!

SESIÓN DOS
CÓMO RENOVAR SU MENTE
Parte 1: Engaño sutil

Antes de la reunión

1. Realice los preparativos usuales como se enumeran en las páginas 86-87.
2. Utilizando rotuladores de colores vivos, copie el "esquema de Daniela" (o su propio esquema, si está dispuesta) en cartulinas como preparación para el diálogo.
3. Haga los preparativos necesarios para la actividad para romper el hielo.

Actividades para romper el hielo

1. Conforme llegue cada mujer, asegúrese de que se ponga una etiqueta de identificación y recoja una hoja o tarjeta de peticiones de oración. Anime a las mujeres a que escriban al menos sus nombres en su hoja o etiqueta, tengan o no peticiones de oración.

2. Invite a voluntarias para que reciten el versículo memorizado o recítenlo en grupo.

3. Es importante comprender el contexto y significado originales de los pasajes que estudiamos. Pase algún tiempo en explicar por qué usar diccionarios de hebreo y griego, al igual que otros materiales de estudio, puede ayudarnos a comprender la Biblia. Tenga al menos un diccionario disponible para que las mujeres lo consulten —puede usar uno de la librería de su iglesia o tomar prestado uno de su pastor— y haga una breve demostración sobre cómo usarlo (o invite al pastor u otra invitada a demostrar su uso).

4. Haga que cada mujer comparta su respuesta a la pregunta 1.

Discusión

1. *Mujer en la vida cotidiana* – Pídale a las mujeres que compartan sus pensamientos sobre la historia de apertura. Pregunte si alguna de ellas ha tenido sentimientos similares a los de Daniela. Dialoguen sobre la última parte de la pregunta 2 acerca de la fuente de los pensamientos negativos.

2. *Sabiduría eterna* – Forme grupos de dos o tres mujeres para dialogar sobre las preguntas 3 a la 10.

3. *Una esperanza inquebrantable* – Vuelva a reunir a todo el grupo. Muestre el "esquema de Daniela" (o su propio esquema) que preparó de antemano. Después de hablar sobre cada pensamiento engañoso, anime a las mujeres a compartir algunos de los pensamientos de sus propios esquemas.

4. *Vida diaria* – A medida que cada mujer comparta los pensamientos engañosos con los que batalla, invite a los miembros del grupo a animarla con la verdad de Dios sobre el tema.

5. *Terminar en oración* – Haga que las mujeres se pongan en pie en círculo y hagan oraciones breves que giren en torno a las verdades que se compartieron en la sección anterior. Cuando las mujeres se vayan, haga que cada una escoja la hoja o tarjeta de oración de alguna otra para poder orar por esa persona durante la semana. Anímelas a estar en contacto con sus compañeras de oración durante la semana.

Después de la reunión

1. **Evaluar.**
2. **Fomentar.**
3. **Equipar.**
4. **Orar.**

CÓMO RENOVAR SU MENTE ────────

Parte 2: Pensamientos positivos

Antes de la reunión

1. Realice los preparativos usuales como se enumeran en las páginas 86-87.

Actividades para romper el hielo

1. Distribuya las hojas o tarjetas de peticiones de oración, y después recuerde a las mujeres que escriban sus nombres, aun cuando no tengan peticiones de oración concretas esta semana.
2. Invite a voluntarias para recitar el versículo de memoria o recítenlo en grupo.
3. Invite a voluntarias para compartir cómo aplicaron lo que aprendieron en la sesión de la semana anterior.

Discusión

1. *Mujer en la vida cotidiana* – Discutan brevemente lo fácil que es para nosotras como mujeres dejar que nuestra imaginación se desboque. Invite a voluntarias para compartir ejemplos personales serios o humorísticos sobre el tema.
2. *Sabiduría eterna* – Invite a una voluntaria a leer Filipenses 4:4-9 en voz alta. Discutan las preguntas 2 a la 8 y luego haga que las mujeres enumeren las tres condiciones para la paz mental (preguntas 2, 4 y 7). Invite a voluntarias para que compartan sus respuestas a la pregunta 9.
3. *Una esperanza inquebrantable* – Haga que las mujeres se emparejen para dialogar sobre las preguntas 10 a la 12.
4. *Vida diaria* – Invite voluntarias para compartir sus respuestas a uno de los ocho aspectos de pensamientos correctos. Pueden compartir más de uno si es necesario.
5. *Terminar en oración* – Pasen tiempo como grupo, pidiendo al Espíritu Santo que renueve sus pensamientos y edifique a cada una en justicia. Invite a las mujeres a elegir una hoja o tarjeta de peticiones de oración para la semana, y anímelas a ponerse en contacto con su compañera de oración al menos una vez durante la semana.

Después de la reunión

1. **Evaluar.**
2. **Fomentar.**
3. **Equipar.**
4. **Orar.**

SESIÓN CUATRO
CÓMO REVIVIR SU CORAZÓN:
Reconciliar las emociones

Antes de la reunión

1. Realice los preparativos usuales como se enumeran en las páginas 86-87.
2. Haga los preparativos necesarios para la actividad para romper el hielo.
3. Reúna una cartulina, un rotulador o una pizarra y rotuladores de los que se borran.

Actividades para romper el hielo

1. Distribuya las hojas o tarjetas de peticiones de oración, y luego recuérdeles a las mujeres que escriban sus nombres, aun cuando no tengan peticiones de oración concretas esta semana.
2. Invite a voluntarias para recitar el versículo de memoria o recítenlo en grupo.
3. Jueguen a un juego de adivinar emociones. Forme dos equipos. Las reglas son parecidas a las del *Pictionary*, pero en lugar de hacer dibujos, cada equipo escoge a alguien que actúe según una emoción, pero sin pronunciar palabras. Dé pequeños premios como velas, separadores para libros o barritas de caramelo al equipo ganador.

Discusión

1. *Mujer en la vida cotidiana* – Discutan la pregunta 1 y la progresión mental que puede llevar a alguien de estar calmada hasta un desastre emocional.
2. *Sabiduría eterna* – Repase brevemente cómo los pensamientos están vinculados a las emociones. Permita que las mujeres compartan sus ideas sobre el tema. Lea Lamentaciones 3:21 en voz alta y luego discutan las preguntas 3 a la 6.
3. *Una esperanza inquebrantable* – Discutan las preguntas que tratan de los cuatro modelos de manejar las emociones: supresión, expresión, obsesión y abordarlas. Pídale a cada mujer que comparta de qué manera tiende a tratar con sus emociones. Como grupo, compartan ideas sobre cómo abordar las emociones. Escriba las sugerencias en la pizarra.
4. *Vida diaria* – Forme grupos de dos o tres mujeres. Haga que las mujeres compartan con su grupo cuál de las 10 trampas emocionales han marcado. Haga que los grupos compartan ideas para combatir los pensamientos asociados con esas trampas emocionales.

5. *Terminar en oración* – En los mismos grupos, haga que las mujeres oren las unas por las otras y pídanle a Dios que reconcilie sus emociones conforme piensen de manera correcta. Invite a las mujeres a elegir una hoja o tarjeta de peticiones de oración para la semana, y anímelas a ponerse en contacto con su compañera de oración al menos una vez en la semana.

Después de la reunión

1. **Evaluar.**
2. **Fomentar.**
3. **Equipar.**
4. **Orar.**

SESIÓN CINCO
RESCATE DEL NAUFRAGIO:
Comprender el perdón

Antes de la reunión

1. Realice los preparativos usuales como se enumeran en las páginas 86-87.
2. Haga los preparativos necesarios para la actividad para romper el hielo.

Actividades para romper el hielo

1. Distribuya las hojas o tarjetas de peticiones de oración, y luego recuérdele a las mujeres que escriban sus nombres, aun cuando no tengan peticiones de oración concretas esta semana.
2. Invite a voluntarias para recitar el versículo de memoria o recítenlo en grupo.
3. Proporcione rotuladores de colores vivos e invite a las mujeres a escribir en cartulinas las cosas que les han sido perdonadas. Anime a las mujeres a que su participación sea creativa y colorida: un símbolo del gozo que llega cuando a se nos perdona mucho.

Discusión

1. *Mujer en la vida cotidiana* – Dialoguen sobre las afirmaciones de la pregunta 1 que evitan que algunas personas perdonen. Invite a las mujeres a compartir las reservas personales que hayan impedido que ellas perdonen.
2. *Sabiduría eterna* – Discutan las preguntas 3 a 10 con todo el grupo
3. *Una esperanza inquebrantable* – Dialoguen sobre el concepto de perdonar 70 veces 7. Luego, invite a voluntarias para compartir sus respuestas a las

preguntas 11 y 12. Termine esta sección con oración, pidiendo a Dios que aumente la fe de cada una de las mujeres hasta un nivel en el que ellas puedan perdonar cuantas veces sea necesario.

4. *Vida diaria* – Anime a los miembros del grupo a continuar con sus respuestas hasta esta sección. Invite voluntarias para compartir (aunque sea con vaguedad) cómo piensan disculparse, orar o mostrar bondad a alguna persona que necesiten perdonar para que pueda ser responsable ante el grupo. Si es apropiado, invite a las mujeres a emparejarse con alguien en el grupo ante la cual ser responsable para completar el proceso de perdón.

5. *Terminar en oración* – En parejas, haga que las mujeres oren por las peticiones mutuamente. Conforme las mujeres salgan, haga que elijan la hoja o tarjeta de peticiones de oración de otra de las mujeres para poder orar por esa persona durante la semana.

Después de la reunión

1. **Evaluar.**
2. **Fomentar.**
3. **Equipar.**
4. **Orar.**

SESIÓN SEIS
RESTAURA MI CORAZÓN, JESÚS:
Dejar atrás el pasado

Antes de la reunión

1. Realice los preparativos usuales como se enumeran en las páginas 86-87.
2. Haga los preparativos necesarios para la actividad para romper el hielo.
3. Reúna cartulinas y un rotulador.

Actividades para romper el hielo

1. Distribuya las hojas o tarjetas de peticiones de oración, y luego recuérdeles a las mujeres que escriban sus nombres, aun cuando no tengan peticiones de oración concretas esta semana.
2. Invite a voluntarias para recitar el versículo de memoria o recítenlo en grupo.
3. **Opción** 1: Haga que cada mujer comparta un recuerdo favorito de su niñez. Hablen de los efectos que los recuerdos tienen en el modo en que somos en el presente.
4. **Opción 2**: Cuando llame a los miembros del grupo durante la semana,

pregunte a una o dos mujeres si estarían dispuestas a compartir su respuesta a la pregunta 2 en la reunión, al describir sus historias sobre aceptar el perdón de Jesús y cómo eso ha cambiado su vida.

Discusión

1. *Mujer en la vida cotidiana* – Invite a las mujeres a compartir sus respuestas a la pregunta 1. Escriba las respuestas en la pizarra.
2. *Sabiduría eterna* – Invite a voluntarias para leer en voz alta los versículos enumerados en la pregunta 3 y después compartir sus respuestas. Dialoguen sobre las preguntas 4 a la 9 con todo el grupo.
3. *Una esperanza inquebrantable* – Divida los nueve versículos de la pregunta 10 entre grupos de tres o cuatro mujeres, y dé a los grupos unos minutos para compartir sus respuestas entre ellas.
4. *Vida diaria* – Discutan las preguntas 11 y 12. Esté atenta al tiempo.
5. *Terminar en oración* – Forme un círculo con las mujeres, y hagan oraciones breves que expresen nuestra identidad en Cristo. Conforme las mujeres salgan, haga que elijan la hoja o tarjeta de peticiones de oración de otra de las mujeres para poder orar por esa persona en la semana.

Después de la reunión

1. **Evaluar.**
2. **Fomentar.**
3. **Equipar.**
4. **Orar.**

SESIÓN SIETE
PREPARADAS PARA CRECER:
El valor de la disciplina

Antes de la reunión

1. Realice los preparativos usuales como se enumeran en las páginas 86-87.
2. Haga los preparativos necesarios para la actividad para romper el hielo.

Actividades para romper el hielo

1. Distribuya las hojas o tarjetas de peticiones de oración, y luego recuerde a las mujeres que escriban sus nombres, aun cuando no tengan peticiones de oración concretas esta semana.

2. Invite a voluntarias para recitar el versículo de memoria o recítenlo en grupo.
3. Invite a cada mujer a compartir una historia personal sobre la disciplina (ej.: la disciplina de sus padres cuando era niña, una historia divertida sobre la disciplina de ella con sus hijos, etc.). Conforme cada mujer comparta, reflexione sobre cómo su historia podría ayudar a ilustrar la discusión más adelante en el estudio.

Discusión

1. *Mujer en la vida cotidiana* – Pregunte si alguien se ha encontrado en la posición de Carla, que su pecado del pasado le haya permitido enseñar o animar a otros. Invite a las mujeres a compartir ejemplos a la vez que usted controla el tiempo.
2. *Sabiduría eterna* – Discutan las preguntas 3 a la 5. Lea en voz alta Hebreos 12:1-11 y luego discutan las preguntas 6, 8 y 10. Explique brevemente la correlación entre podar y disciplinar. Luego, comparta los frutos de la disciplina que se hayan en las preguntas 11 a la 13.
3. *Una esperanza inquebrantable* – Repase los principios del crecimiento muscular físico, y luego pídales a voluntarias que compartan sus respuestas a la pregunta 14.
4. *Vida diaria* – Forme grupos de dos o tres mujeres. Haga que cada mujer comparta sus respuestas a las preguntas 15 y 17.
5. *Terminar en oración* - Mientras están en los grupos, dé tiempo a las mujeres para que oren las unas por las otras, agradézcale a Dios por su disciplina y pídale que les ayude a aprender sus lecciones la primera vez. Haga que intercambien hojas o tarjetas de peticiones de oración antes de irse.

Después de la reunión

1. **Evaluar.**
2. **Fomentar.**
3. **Equipar.**
4. **Orar.**

SESIÓN OCHO
UNA RAZÓN PARA DANZAR: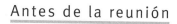
El carácter de un corazón sanado

Antes de la reunión

1. Realice los preparativos usuales como se enumeran en las páginas 86-87.

Actividades para romper el hielo

1. Distribuya las hojas o tarjetas de peticiones de oración, y luego recuérdele a las mujeres que escriban sus nombres, aun cuando no tengan peticiones de oración concretas esta semana.
2. Invite a voluntarias para recitar de memoria todos los versículos que hayan aprendido durante este estudio. Si es posible, haga que alguien comparta cómo le ha ayudado la memorización de versículos a sanar su corazón.
3. Invite a voluntarias para compartir maneras en que hayan crecido durante el tiempo de este estudio. Dé bastante tiempo para esta actividad, ya que el objetivo principal de la sesión de hoy es reflexionar sobre las maneras en que cada mujer ha crecido.

Discusión

1. *Mujer en la vida cotidiana* – Discutan el principio de los contrastes y pida a cada mujer que dé un ejemplo de un contraste. O invite a dialogar sobre la pregunta 1.
2. *Sabiduría eterna* – Lea en voz alta 1 Pedro 1:3-7. Luego, dialoguen sobre las preguntas 2 a la 5. Invite voluntarias para compartir maneras en que ellas han experimentado libertad en las últimas ocho semanas. Lea Gálatas 5:1 y hablen sobre por qué nosotras mismas somos las únicas que podemos volver a ponernos en esclavitud (pregunta 9). Invite a voluntarias a que compartan el versículo que eligieron como respuesta a la pregunta 10 y explicar por qué lo eligieron. Hablen sobre las preguntas 11 y 12 si el tiempo lo permite.
3. *Una esperanza inquebrantable* – Discutan las preguntas 13 y 14 o invite a voluntarias para describir qué ansían encontrar cuando lleguen al cielo.
4. *Vida diaria* – Repase brevemente el texto en esta sección; luego invite a las mujeres a compartir cómo han sido animadas o aguzadas por las historias y las experiencias que otras mujeres del grupo han compartido durante el curso del estudio.
5. *Terminar en oración* – Como grupo, den gracias a Dios por la sanidad que Él ha traído y seguirá trayendo a su alma. Pasen el tiempo restante adorando a Dios por quién es Él mediante oraciones y cantos.

Después de la reunión

1. **Evaluar.**
2. **Fomentar.**
3. **Equipar.**
4. **Orar.**